아기의 천재성을 발달시키는 영아부 교육

아기의 천재성을 발달시키는 영아부 교육

1판 1쇄 인쇄일 · 2018년 9월 5일
1판 1쇄 발행일 · 2018년 9월 8일

지은이 | 이영희
발행인 | 이영희
발행처 | 카도쉬북
그림 | Npine
출판등록 | 경기도 광명시 도덕공원로 49 (철산동 289)
전화 | 070-7629-1663, 010-5222-6743
홈페이지 | www.holyi.com
E-mail | holyhi@hanmail.net

영아부 부모입니까? 아기의 영혼사랑 육아법

아기의 천재성을 발달시키는 영아부 교육

이영희 지음

카도쉬북

영아부 부모의 필독서!

영아부 부모라면 반드시 알아야 할 아기의 영혼
사랑 육아법이 이 책에 있습니다. 멋지고 현명한
아기로 키우려면 이 책에서 자녀양육의 지혜를
배우십시오.

훌륭한 인물은 대학이 아니라 영아부에서 결정됩니다!

더글러스 앨먼드(Douglas Almond)는 "아이의 몸과 두뇌가 엄마의 뱃속에서 형성되는 시기에 하는 투자는 아이가 자란 후에 학교교육에 투자하는 방법보다 더 큰 유익과 효과를 가져올 수 있다."고 말합니다.[1]

어릴수록 교정이 쉽고 아이의 발달상태를 일찍이 이해할수록 적절히 대처할 수 있기 때문에 효과적인 교육을 할수 있습니다. 조치가 빠를수록 비용 대비면에서도 효과가 뛰어난 것이 사실입니다. 인물은 대학이 아니라 엄마의 자궁에서 결정된다는 태교학자들의 주장을 주일학교에 적용해본다면 어느 부서보다도 영아부 투자가 교육 효과 면에서 제일 유익한 것

---

1) 애니머피폴, 『오리진』 (서울:추수밭, 2011), p.269.
  이영희, 『유대인 임신출산의 비밀』 참고. (서울숲북스, 2016)

입니다. 탈무드에 보면 "다섯 살 아이의 실수를 각성시키고 그것을 고치려면 3주일이 걸리지만 12세 아이를 바로 잡기 위해서는 1년이 걸린다"는 말이 있습니다. 그렇다면 영아기는 그 시간을 더 단축시킬 수 있습니다.

성경이 부모들에게 계속 강조하고 있는 것은 "어렸을 때 가르치라"는 것입니다(딤후 3:15, 잠 22:6, 막 9:21 참고).

1. 3세가 되기 전에 훈련하라.

성경 말씀에 "마땅히 행할 길을 아이(히;나아르)에게 가르치라(히;히누크) 그리하면 늙어도 그것을 떠나지 아니하리라"(잠 22:6)고 했는데 이는 영아기 교육의 중요성과 효율성을 언급한 것이라고 봅니다. 성경본문에서 '아이'를 뜻하는 히브리어 '나아르'는 본래 미숙하고 어린 3년 반 미만의 나귀새끼를 가리키는데 3세 미만의 유아가 마치 길들여지지 않은 나귀새끼 같다고 해서 '나아르'라는 말을 사용하고 있습니다. '가르치라'는 단어는 '재갈을 물려서 훈련하다'라는 뜻으로 'teaching'이 아니라 하나의 원리를 반복하는 'training'을 뜻합니다. 우리 조상들은 "세살 버릇 여든까지 간다"고 했습니다.

2. 누가 자녀들을 가르칠 수 있을까요?

자녀들에게 여호와를 경외하는 법을 가르쳐서 주의 길을

따르게 할 수 있는 사람은 부모입니다. 그리고 부모들에게 자녀의 신앙양육법을 체계적으로 가르치고 그의 자녀들을 진리로 이끌어주는 곳이 영아부입니다.

3. 영아부 교사와 부모는 멀티 프로그래머입니다.

영아부 교육의 1차 대상은 아기입니다. 그런데 아기를 가르칠 수 있는 사람은 부모이기 때문에 부모가 먼저 배워야 합니다. 우리는 이 원리를 뱀에게 배워야 합니다.

예수님께서는 "너희는 뱀같이 지혜롭고 비둘기같이 순결하라"(마 10:16 일부분 말씀) 고 하셨는데 뱀을 지혜의 샘플링으로 제시하셨습니다. 태초의 뱀이 겨냥한 표적(target)은 하와가 아니라 아담이었습니다. 뱀은 하나님과의 관계가 콘크리트처럼 단단한 아담의 신뢰심에 금을 내기 위해서 하와를 차선책으로 활용했습니다.

이것처럼 아기의 신앙을 세우기 위해서 부모를 먼저 훈련하는 것입니다. 뱀은 아담과 하와를 엮은 멀티 프로그래머(multi programmer)라고 할 수 있으며 그의 전략은 실패하지 않았습니다. 이건 우리만의 비밀인데 역전의 기회는 왔습니다. 영아부 교사는 아기와 부모의 생명을 함께 살리는 멀티 프로그래머가 되어야 합니다. 아기와 부모가 함께 배우는 곳이 영아부입니다.

4. 영아부의 아기 교육방법

많은 부모들이 아기를 어떻게 가르쳐야할지 몰라서 쩔쩔맵니다만 아이들을 가르치는 방법은 단순해야 합니다.

영아부는 분식집이 아닙니다. "여기서도 조금, 저기서도 조금, 이것저것을" 많이 늘어놓고 가르치려 들지 마십시오 (사 28:9~13 참고). 한 가지 주제를 반복해서 들려주십시오. "너희 자녀들아 와서 내 말을 들으라 내가 여호와를 경외하는 법을 너희에게 가르치리로다"(시 34:11)

5. 잠자는 아기 영혼을 흔들어 깨워줍니다.

영아부 교육이 부모와 아기의 잠자는 영혼을 깨웁니다. 예배는 오감 뿐 아니라 영의 감각(영감)을 자극합니다. 하나님을 경외하는 부모는 아이의 내면을 튼튼하게 하고 하나님으로부터 받은 놀라운 잠재능력을 발전시킵니다. 시편기자와 예수님께서는 아기의 능력을 이렇게 높이 평가하셨습니다.

"주의 대적으로 말미암아 어린 아이들과 젖먹이들의 입으로 권능을 세우심이여 이는 원수들과 보복자들을 잠잠하게 하려 하심이니이다"(시 8:2)

"예수께 말하되 그들이 하는 말을 듣느냐 예수께서 이르시되 그렇다 어린 아기와 젖먹이들의 입에서 나오는 찬미를 온전하게 하셨나이다 함을 너희가 읽어 본 일이 없느냐 하시고" (마 21:15~16)

　이 책은 부모의 역할을 잘 가르쳐 주어서 하나님을 경외하는 자녀를 길러내고자 하는 목적에서 집필했습니다. 총 3권으로 되어 있는데 1권은 아기를 천재로 만드는 예배의 요소들을 다루었고 2권은 천재성을 발전시키는 영아부의 교육원리와 방법을 소개했습니다. 3권은 영아부 사역자들을 위한 책입니다. 교사와 부모는 이 세 권의 책을 꼭 읽으십시오. 제가 일전에 지은 '영아부 삼위일체 육아법'은 이 책의 원서라고 할 수 있습니다. 제가 설립한 '영아학교 전문교육원'에 오셔서 배우시기 바랍니다. 이 책으로 가르치고 배우실 영아부 목회자와 부모님, 그리고 아기들에게 주님께서 주시는 평화와 은혜가 가득하시길 바랍니다.

2018. 8. **이영희**

차례

저자 서문 _ 5

이 책의 사용법 _ 14

아기의 영혼사랑 프로젝트 5

　　프로젝트 1. 장난감 십일조 _ 16

　　프로젝트 2. 집 찾기 놀이 _ 17

　　프로젝트 3. 아기 손 씻어주기(洗手식) _ 18

　　프로젝트 4. 머리카락 잘라주는 기념예배(이발 세러머니) _ 20

　　프로젝트 5. 아이를 한 뼘 자라게 하는 네 개의 보물 _ 22

1장　질문이 있어요!

　　1. 영아부에 오면 무엇을 배울 수 있나요? _ 26

　　2. 사라진 아기를 찾는 방법이 있나요? _ 32

　　3. 아기는 말귀를 얼마나 알아들을까요? _ 34

　　4. 말썽꾸러기는 어떻게 하나요? _ 36

　　5. 못 들은 척 하는 아이는 어떻게 할까요? _ 38

　　6. 엄마를 찾으며 우는 아이를 어떻게 달래나요? _ 40

7. 예배시간에 돌아다니는 아이는 어떻게 해야 하나요? _42

8. 반항하는 아이 지도법 _44

9. 어린이가 제일먼저 훈련받아야 할 성품은 어떤 것일까요? _48

10. 이기적인 아이는 어떻게 하나요? _50

11. 아기들은 왜 침을 많이 흘리나요? _52

12. 아이들이 왜 난폭해질까요?

　어떻게 하면 폭력성이 줄어들까요? _54

13. 아기가 예배를 드릴 수 있나요? _56

2장　아기의 벤처 마케팅에 뛰어드신 예수님 –

아기보기에 성공하신 예수님의 노하우 5

14. 노하우 1 – 아이를 앞뒤로 흔들어 주세요. _62

15. 노하우 2 – 아기를 신속히 부모에게 인계하십시오. _64

16. 노하우 3 – 아기와 한편이 되십시오. _66

17. 노하우 4 – 아기를 벤처마켓하십시오. _68

18. 노하우 5 – 우리 몸이 소리 나는 악기입니다. _70

3장　천재엄마의 아기 발달진료하기

19. 태아(임신~출산 전) _74

20. 생후 1~12개월 _80

21. 2세(13~24개월) _110

22. 3세(25~36개월) 내가 할거야 _ 114

23. 4세(37~48개월) 우리는 친구 _ 118

4장 우리 아기 천성! 성경으로 검증하기

24. 제 아기가 하나님을 닮았다고요? _ 126

25. 창의와 자유의지, 책임 _ 128

26. 잠깐동안 하나님보다 조금 못한 존재 _ 130

27. 천국에서 큰 자 _ 132

28. 죄성을 타고난 존재 _ 134

29. 탁월한 자녀에게 함정이 있습니다. _ 136

30. 구원의 진리를 빠르게 흡수하는 강력 스펀지 _ 138

31. 악을 선택하는 놀라운 천재적 소질 _ 140

32. 미래 자원 _ 142

33. 어린이의 죽음과 영생 _ 144

5장 아기 전도법

34. 전도 대상 정하기와 영아부 전도지 만들기 _ 150

35. 놀이터 전도(1~4세의 부모) _ 154

36. 유모차 전도(3개월~1세 미만) _ 156

37. 엘리베이터 전도(3개월~4세) _ 157

38. 전도 현장에서 필요한 대화 32 _ 160

6장 여호와의 육아 정책

　　39. 내 집에 새끼 둘 보금자리를 만들라 _ 194

　　40. 안전한 성읍을 건축하라 _ 196

　　41. 나의 사랑, 나의 어여쁜 아가야! _ 198

　　42. 아기의 첫 나들이 _ 200

　　43. 세상이라는 성읍에 들어가기 전에 _ 202

　　44. 아기들을 모으라 _ 204

　　45. '젖 나는 암소 두 마리' 이야기 _ 206

　　46. 예수님의 양육이론 ; 나귀와 나귀새끼를 함께 _ 208

　　47. 미래의 빛 _ 210

총정리 퀴즈 _ 212

에필로그 _ 223

1. 이 책은 총 6장, 47주제로 되어있습니다. 아기를 재운 후에 매일 한 편씩 읽으면 47일에 마칩니다.

2. http://cradle.holyi.com에 들어오셔서 양육의 소감과 의견을 나누십시오.

3. 이 책을 가정에서 공부하시고 주일에는 교회에 갖고 오십시오. 담당 교사에게 스티커를 받아서 '읽기 확인란'에 붙이십시오.

4. 성실하게 공부한 부모님에게는 교회가 상을 주십시오.

5. 이 책을 이웃에 선물하면 많은 유익이 됩니다.

6. 100원 동전 10만개 모으기를 계속하시고 이 책이 추가로 제안한 '아기의 영혼 사랑 프로젝트 5'에 적극 참가하십시오. 프로젝트는 이 책을 읽는 동안 해야 하는 실천과제입니다.

7. 이 책을 읽기 시작한 날짜와 마친 날짜를 체크표에 기록하십시오.

읽기 체크표

finish ↓ 마친 날짜;

46	47!			
45	44	43	42	41
36	37	38	39	40
35	34	33	32	31
26	27	28	29	30
25	24	23	22	21
16	17	18	19	20
15	14	13	12	11
6	7	8	9	10
5	4	3	2	1

시작한 날짜;

카운트 다운 시작하기   start

아기의 영혼사랑 프로젝트 5

프로젝트 1. 장난감 십일조

집에 있는 장난감, 인형 중에 하나를 이웃 아기에게 보내는 캠페인에 참가하십시오.
1) 영아부에 가지고 오는 날을 정하십시오.
2) 영아부 담당자는 형편이 여의치 않은 아기를 찾아다니며 은밀히 나누어 주십시오.
3) 남을 도울 처지가 못 된다는 분도 예외없이 이 프로젝트에 참가하십시오(작은 머리핀도 좋습니다).

선행은 두뇌 세포의 시냅스 활동을 활발하게 한다는 사실을 아시지요? 하늘 곳간에 차곡차곡 적립된 선행이 아이의 미래를 풍요롭게 하는 자산입니다.

프로젝트 2. 집 찾기 놀이

　아기가 영아부실을 기억하는지 관찰해보십시오. 18개월~4세의 아이와 함께 교회에서 '집 찾아오는 길 그리기'를 해보십시오. "뭐가 있었지?" "무엇을 보았지?"라고 물어보세요. 아이가 자주 다니는 길에 어떤 간판이나 건물들이 있습니까? 아기가 무엇을 기억하고 있는지 관찰해보십시오.

　집 출발 ~ 교회 도착
　교회 출발 ~ 집 도착

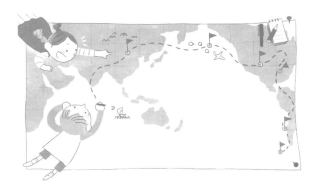

프로젝트 3. 아기 손 씻어주기(洗手式)

세수(洗手; 씻을세, 손수)란 '손을 씻다'는 뜻입니다. 물건을 입에 넣고, 콧구멍을 쑤신 손을 빨고 집는 4개월부터는 손을 씻는 훈련을 철저히 해주어야 합니다.

* 얼굴 씻기기(눈,코, 입, 귀)와 자세한 손 씻기는 매일 5분 54일 생활 속 자녀교육책의 24일 씻기기와 40일 손 씻기를 참고하십시오.

1. 준비물
비누, 대야, 맑은 물을 담은 주전자, 수건과 앞치마

2. 순서
1) 앞치마를 허리에 두르고 수건을 목에 걸칩니다.
2) 대야에 물을 담으십시오(물의 양은 대야의 1/3).
3) 아기의 손끝, 손톱, 손등, 손바닥, 손가락마디, 손가락 사이에 비누칠을 해서 비벼줍니다. 씻기면서 '착한 손, 기도 손'이 되라고 들려주십시오.
4) 주전자의 물을 손에 뿌려서 헹구어 줍니다.
5) 크림은 손등에만 발라줍니다.

아이들은 성질을 부릴 때 할퀴고, 쥐어뜯고, 꼬집고, 내던집니다. 손을 씻기며 물을 주시고 손을 주신 하나님을 찬양하면 하나님의 존재를 일깨워 주는 것이 됩니다. 손을 씻는 행위하나만으로도 우리 몸이 반응합니다. 정신과 의사인 이시영 박사는 손을 깨끗이 씻으면 두뇌가 맑아진다는 말을 합니다. 물의 시원한 감촉은 정서적 안정을 줍니다. 성경은 손이 영혼의 청결을 상징하는 의미로 사용되었습니다.

"여호와의 산에 오를 자 누구며 그 거룩한 곳에 설 자가 누군고 곧 손이 깨끗하며 마음이 청결하며 뜻을 허탄한데 두지 아니하며 거짓 맹세치 아니하는 자로다"(시 24:3-4)

손 씻을 때 드리는 기도

"하나님은 우리에게 그분과 우리 자신, 그리고 이웃에게 헌신할 수 있는 두 손을 주셨습니다."

프로젝트 4. 머리카락 잘라주는 기념예배(이발 세러머니)

미용실에 가면 우는 아기들을 자주 봅니다. 가위라는 차가운 무기(?)가 살에 닿는 느낌, 싹둑싹둑 베어져나가는 자신의 일부분을 거울로 보는 순간 아이는 공포와 두려움으로 비명을 지릅니다. 게다가 '왱왱' 대는 굉음까지 질러대는 바리깡을 가위보다 더 두려워하지요. 머리카락을 베어내면 새로운 머리카락이 나온다는 사실을 모르는 아이들이 놀라는 것이 당연하고 낯선 장소에서 생소한 경험에 직면하면 누구나 정신적 충격을 받습니다.

태어난 지 언제 처음으로 아기의 머리카락을 잘라주셨나요? 부모님이 아이를 데리고 미장원에 가기 전에 축복기도를 드려주고 "하나님은 새로운 머리카락이 계속해서 나오게 하신다"라고 들려주면 아이는 안심하고 받아들일 마음의 준비가 됩니다. 아이와 함께 머리카락 손질하러 가는 날짜를 정하고 이 날짜를 교사에게 미리 알려주십시오. 영아부는 이 사실을 광고하고 아이를 격려해 주십시오. 머리카락을 손질하고 교회에 나온 날은 멋지게 변했다며 칭찬해주고 축복식(Blessing ceremony)을 해 주십시오.

1) 기념촬영하기
2) 어린이의 머리에 손을 얹고 신 28:13 말씀으로 축복하기
3) 여아의 경우는 머리핀을 선물하기

"여호와께서 너로 머리가 되고 꼬리가 않게 하시며 위에만
있고 아래에 있지 않게 하시리니 오직 너는 여호와를 경외하
라"(신 28:13 요약)

머리카락 손질은 아이들마다 시기가 다르므로 이 행사는
수시로 합니다. 아기의 머리털은 언제 나오기 시작했는지 아
세요? 태아 15주(4개월) 쯤에 나온답니다.

프로젝트 5. 아이를 한 뼘 자라게 하는 네 개의 보물

1. 격려

박수, 뽀뽀, 축복의 말로 격려해주십시오. "○○○은 is so wise." * wise 대신에 smile, strong, smart, holy boy(girl) 등을 넣어서 부르세요.

2. 복습

반복학습은 반석위에 집을 짓는 원리와 같습니다. 교회에서 배운 것을 가정에서 복습시켜 주십시오.

3. 발표

배운 것을 여러 사람 앞에서 표현하는 경험은 심상을 강화시킵니다. 심상이란 감각에 의해 획득한 현상이 마음속에 재생되는 것을 뜻합니다. 직접 해본 것이 오래 남습니다.

4. 보상

아기가 선행을 했을 때 최고의 상을 주십시오. 보상의 타이밍은 행동 즉시 해야 효과적입니다.

영아부 부모라면 알아두어야 할 예방접종시기

1~8일 … 종합건강검진
1~4주 … 결핵
1~6개월 … B형간염
2개월 이내 … 소아마비 DPT
2개월~만2세 … 디프테리아, 백일해, 파상풍
2개월~만6세 … 폴리오
12~15개월 … 수두
12개월 ~만6세 … 홍역,파상풍
12개월~만12세 … 일본뇌염
6개월~만12세 … 인플루엔자
24개월~만12세 … 장티푸스
추가접종, 소아마비 DPT(4~6세)

결핵, 디프테리아는 기침이나 재채기에서, B형간염은 혈액이나 침에서, 장티푸스는 보균자의 음식이나 물에서 감염될 수 있습니다. 7개월이 지나면 엄마로부터 물려받은 면역이 없어집니다. 2세까지는 감염이 쉬운 시기이므로 일기변동, 환경, 위생에 각별히 조심해야 합니다.

Infant Care

"하나님은 우리에게 각기 다른 장점과 단점을 지닌 특별한 아이를 주셨다. 이렇게 저마다 다른 아이를 보내신 이유는 바로 부모가 아이의 부족한 부분을 채우도록 하기 위해서이며, 아이를 통해 우리 자신의 잘못을 바로잡게 하기 위해서다."

– 미리엄 아다한

질문이 있어요!

신생아는 하루에 20시간을, 영아들은 10시간 이상을 잡니다. 먹고 자는 것이 과업인 영아기는 바른 식습관, 수면습관, 십계명으로 신앙생활을 훈련해야 합니다.

1장은 영아부에서 다뤄야 할 교과를 소개했고 사역현장에서 접하는 질문 13개를 모아서 설명했습니다.

"십계명은 실로 가장 뛰어난 배열과 충실한 내용으로 표현되었기 때문에 언제든지 기독교적 교육의 과제가 되어왔다"
– 에밀 부르너 (E.Brunner)

"하나님의 나라는 말에 있지 아니하고 오직 능력에 있음이라 너희가 무엇을 원하느냐 내가 매를 가지고 너희에게 나아가랴 사랑과 온유한 마음으로 나아가랴"(고전 4:20~21)

1. 영아부에 오면 무엇을 배울 수 있나요?

바른 식습관과 수면습관교육, 그리고 신앙생활지침인 십계
명입니다. 십계명이라니 놀라셨습니까? 자동차판매상은 디자
인을 장황하게 늘어놓을게 아니라 안전운행법부터 가르치듯
이 아기가 태어나면 이 불안전한 세상을 어떻게 살아야 안전
한지의 안전교육부터 해야 합니다. 수영을 배우기 전에 먼저
물놀이 안전수칙을 가르치고, 비행기가 이륙 전에 여행객에
게 안전훈련부터 하듯이 말입니다.

세상을 살아가는 이 원리를 우리는 하나님께 배워야 합니
다. 하나님은 아담에게 에덴의 설립과정을 장황하게 설명하
지 않고 생명 안전법부터 가르치셨습니다(먹으면 안된다).
우리는 사물의 명칭부터 가르칩니다만 성경의 순서는 계명
입니다(창 2:16~17, 2:19~20 비교).

십계명은 생명을 지키는 안전벨트와 같습니다. 성품학자
하워즈(S.Hauerwas)는 십계명을 살아가는 기술이라고 말했
습니다. 하나님과 이웃을 어떻게 사랑해야 안전하고 복된지를
가르쳐주는 것이 십계명입니다. 십계명이 죄의식과 죄책을
심어줄까봐 염려합니다만 분명한 것은 사람은 죄책 앞에 설
때만이 예수 그리스도의 은혜의 깊이를 압니다. 십계명만큼

기독교인의 인성과 태도 교정에 완전한 교본이 없습니다. 심리학자인 에리히 프롬(Erich Fromm, 1900-1980)은 인간의 '기질'은 신체적 기반 위에, '성격'은 정신적 기반위에 형성된다는 말을 했습니다. 영아기는 기질과 성격이 형성되고 다듬어지는 중요한 시기입니다. 바른 식습관과 수면 습관이 좋은 기질을 발달시킨다면 성격형성의 중요한 기반은 하나님의 성품이 담긴 십계명입니다.

아직도 십계명이 아이들이 배우기에 이르다고 생각하십니까? 하나님은 자신의 진리를 "어린 자녀에게 부지런히 가르치라"고 하셨는데 교육학에 있어서 최고의 학습은 남을 가르쳐 보는 것입니다. 아이는 그 진리를 다 흡수하지 못해도 가르치는 부모가 달라집니다. 모델이 좋으면 아이도 좋아지기 마련입니다.

아이와 함께 하는 시간

아기에게 예방주사를 맞히듯이 십계명도 예방적 차원에서 조기에 들려주십시오.

부모들은 자녀양육 정보를 쉽게 얻습니다. TV는 더 이상 바보상자가 아닙니다. 그런데 기독교 부모님들조차 모르는 것이 있습니다. 몸과 영혼을 튼튼하게 하는 기초 매뉴얼인 십계명을 모른다는 것입니다(1권 10~11 참고). 구구단, 덧셈을 가르치기 전에 먼저 가르쳐야할 것이 십계명입니다.

2+8=10이 뭘까요? "세상에 태어나면 뭘 해야 하고, 해서는 안되는 것이 무엇인지 아니? 그것이 십계명에 있단다."라고 들려주십시오. Two Do, Eight No, list!

무엇이든지 배워야 쉽습니다. 십계명도 마찬가지입니다. 모든 계명은 예수께서 재해석해 주셨습니다(마 5~7장 참고). 십계명의 저작권 은 하나님께 있고 저자만이 작품에 손댈 수 있는데 예수께서 재해석하셨다는 것은 그 분이 십계명의 저자이며 하나님임을 증명합니다.

십계명은 믿음, 소망, 사랑을 종합한 축복의 종합선물 셋트와 같습니다. 브로드캐스트 즉, 하나님의 생방송(출 20:1~2 참고)이며 이 생명의 소리가 타락한 인간을 바로잡아 줍니다.

그분의 손가락 지문이 새겨있고 형상과 성품은 물론 성공 매뉴얼이 이 안에 다 들어있습니다(신 28:1,13).

"십계명을 제대로 아는 사람은 성경 전체를 온전히 아는 사람이다."– 마틴 루터(M. Luther)의 대요리 문답서

해야 할 2가지와 해서는 안되는 8가지의 생활표준은 어려서 가르쳐야 합니다. 계명이 사람을 하나님의 사람답게 합니다.

"농사를 할 때 놓쳐서는 안 되는 시기가 있다. 씨를 뿌리는 기간이다. 농부가 땅에 심을 수 있는 기간은 1년 중 단 일주일이다. 그 기간이 지나 씨를 뿌리면 아무리 거름을 주고 정성껏 가꿔도 좋은 열매를 맺지 못한다. 한번시기를 놓치면 다시 돌이키기 어려운 농사처럼 아이를 사람다운 사람으로 성장시키는데도 시기가 있다. 시기를 놓치면 나중에 아무리 후회해도 소용이 없다."[2]

---

2) 문용린, 『열 살 전에 사람됨을 가르쳐라』(서울 갤리온. 2007) p.47.

보충 학습

7계명(간음하지말라)을 아기에게 어떻게 가르칩니까?

부모

영아기는 빨고, 만지는 신체 활동을 통해 즐거움을 느낍니다. 신체를 통한 쾌감을 느끼는 시기라는 것은 성에 대한 태도도 이 때부터 형성되기 시작한다는 의미입니다. 아기의 몸을 만지고 쓰다듬어주는 것도 성교육의 일부입니다. 스킨쉽을 통해서 아기는 자신이 사랑 받는다는 것을 압니다. 6개월부터 1세까지의 아이들은 손을 좀 더 자유롭게 쓸 수 있어 손을 이용한 신체 탐험을 시작합니다. 손으로 볼, 입, 젖꼭지, 발을 만지다가 빨기도 하고, 성기도 만지는데 만진다는 자체만으로도 기분이 좋아지고 자꾸 만지게 됩니다. 성기에 대한 호기심은 돌이 되면 서서히 없어 졌다가 만 3세 정도가 되면서 다시 나타납니다. 이 시기는 아이들의 대소변에 지대한 관심과 칭찬이 필요합니다.

만 2세에서 6세 사이에 유아는 남녀의 성기가 다르다는 것을 압니다. 임신과 출산에 관한 호기심을 보이면서 아기가 어디서 나오는지에 대해서 궁금해서 다른 어느 연령층보다도 성에 관련된 질문들을 많이 합니다.

만 4~6세에는 성역할을 뚜렷하게 구별합니다. 여자, 남자를 구별하고 이성 친구에게 부끄러움도 느낍니다. 이성 앞에서 옷을 벗는다는 것이 창피하다는 것도 알게 되는 시기입니다. 어린 시절은 성에 대한 태도 형성이라든가 기본적인 지식을 얻는데 중요한 시기입니다. – 성교육학자들의 의견

아기
1) 15개월 이후에는 따로 재우십시오.
2) 남매의 경우는 목욕도 따로 시키십시오.
3) 부모님 방을 들어올 때는 노크하는 훈련을 시키십시오.
4) 옷을 단정하게 입히십시오. 여아에게 치마를 입힌 경우 팬티위에 슬립을 입히십시오.
5) 옷, 헤어스타일 등으로 남녀의 성을 구분 하십시오
6) 손, 몸을 씻는 생활 습관이 순결의 개념을 심어줍니다.
7) "하나님이 주신 나의 몸, 나의 몸의 주인은 하나님 이셔요, 내 몸은 소중해요" 라는 메시지를 두뇌에 입력시키십시오.
8) 창조 스토리에서 하나님이 남자와 여자를 지으셨고 하나님이 암수를 한 쌍씩 지으셨음을 4번 반복해서 가르치십시오.
9) 홍수 스토리에서 하나님은 1부1처, 암수 한 쌍씩 구원하셨다는 것을 4번 반복해서 가르치십시오(전 4:12 참고).

2. 사라진 아기를 찾는 방법이 있나요?

아기들은 눈 깜박할 사이에 사라집니다. 잠깐 한눈을 파는 그 사이를 못 참고 일을 저지릅니다. 영아부에서 이런 참담한 일이 있었습니다.

"저는 세 살된 외아들을 둔 외동이 엄마예요. 오랜만에 나왔더니 영아부 선생님은 우리 외동이를 용케 기억하시고 선물도 목에 걸어 주셨습니다. 저는 우리 외동이를 선생님께 맡기고 여전도회에 참석하여 이 사람, 저 사람을 만나 얘기를 나누다가 외동이가 생각나서 영아부실에 가니 우리 외동이가 없지 않겠어요? 선생님은 '어머, 글쎄요. 금방 있었는데, 교회 안에 있겠지요. 같이 찾아봅시다' 라고 해서 교회 안을 다 뒤져도 우리 외동이는 없는 거예요. 나는 앞이 캄캄했어요. 파출소에 신고하고 사이드카를 동원했어요. 얼마나 무서운 세상인데! 이 사실을 온교회 성도들에게 알리고 울며 호소했습니다. 나는 이제 우리 외동이를 다시는 교회에 데리고 오지 말까봐요."

우리는 그날, 아이가 사는 집의 방향으로 길을 따라 나섰습니다. 그리고 마침내 아기를 발견했습니다. 세살 아기가 자기 집으로 가는 방향을 알고 있다는 사실에 우리는 놀라고 말았습니다.

사람들이 붐비는 마트나 공연장에서 아이를 잃어버리면 당황하지 말고 우선 심호흡을 하십시오. 그래야 좋은 생각이 떠오릅니다. 외출할 때 아이에게 실시간으로 가르치십시오. "엄마 손을 놓치면 그 자리에 가만히 서서 엄마오기를 기다려라."라고요. 마리아는 12살이나 된 예수를 잃어버린 적이 있었답니다. 지혜로운 예수는 부모님이 올 때까지 출발했던 장소에서 책을 읽으며 기다렸습니다(눅 2:43).

아이와 함께 하는 시간

1) 겨우 10센티가 될까 말까한 신발을 신고 달아나는 아기들의 스피드! 공감각이 발달하지 않은 아기들은 일단 나서면 거침없이 직진한다는 사실을 아십니까?
2) 아이와 오늘은 '가만히 서있기' '뒤로 돌아요' 놀이를 해보세요.

3. 아기는 말귀를 얼마나 알아들을까요?

 영아부의 애로사항은 교육대상인 아기들이 말귀를 알아듣지 못한다는 점입니다. 생소한 외국어로 설교를 듣는다고 가정해 보십시오. 알아듣지 못하는 그들 또한 얼마나 답답하겠습니까? 어휘력이 늘고 의사소통이 가능해진 4~5살 아이도 자기가 들은 내용을 다른 사람에게 충분히 전달하지 못합니다. 아이들은 어느 정도의 말귀를 알아듣나요? 2살이 되어야 간단한 문장의 이야기 듣기를 좋아합니다. 10개월에 한 단어를 말하는 아기가 만2~3세가 되면 500~900개 언어를 이해하고 그중에 200~300개 어휘구사능력이 있으며 3~4개의 단어를 이어서 말하게 된다는 통계가 있습니다(EBS의 '아이의 사생활' 2017년 12월 자료 참고). 언어 발달은 만 2세부터 크게 발달합니다. 이러한 점 때문에 영아부는 부모와 어린이를 동시에 가르치자는 주장을 하게 되는 것입니다.

 피아제는 어린아이의 마음의 특성을 나타내는 개념으로 '자기중심성(egocentrism)'을 거론했습니다. 어린아이는 어른과 달리 무엇이나 자기중심적으로 생각한다는 뜻입니다. 영유아는 자신의 관심을 어느 한 측면에 집중시키고 있기 때문에 이야기를 듣고 파악하는 데 어려움을 겪습니다. 2~4살의 아이들은 자신의 경험에 의존해서 판단하며 논리보다는 직관에 의존하므로 메시지를 전달하고 나서 올바로 이해했는지를 확인하는 질문이 필요합니다. 그러려면 단어의 반복이 중요합니다. 설교 도중에 아이들이 아는 찬송을 틈틈이 다 같이 부르십시오. 글자. 그림, 사진 등을 플래시 카드(flash card)나 PPT로 만들면 반복해서 보여줄 수 있습니다.

아이와 함께 하는 시간

아이들은 입술의 움직임을 보면서 언어의 구조를 습득합니다. 엄마가 윗입술과 아랫입술에 다른 색의 밝은 루즈를 바르고 말하면 아기는 집중합니다. 자꾸 들려주면 귀가 트인다는 사실을 아시지요?

반복 학습은 반석위에 집을 짓는 것과 같다고 했지요? 영아부에서 배운 것을 가정에서 반복해서 복습시켜 주십시오. 아이의 지혜가 한뼘 더 자랍니다.

4. 말썽꾸러기는 어떻게 하나요?

어떤 아이들은 깨물고, 할퀴고, 쥐어뜯고, 여기저기 헤매며 돌아다닙니다. 아이들의 문제를 가정환경, 부모의 영향, 유아기에 있는 일시적 발달특징 등의 이유를 들지만 아무튼 행동의 결론은 분명합니다. 여호와께서 "거리에 있는 아이들"을 경고하셨습니다(렘 6:10~11). 거리에 있는 아이들이란 말씀을 멸시하고 지겨워하는 아이들을 뜻합니다.

예배의 훈련은 염증을 느끼는 역효과를 만들까봐 걱정합니다만 교회는 재미로 다니는 곳이 아님을 일찍부터 심어주어야 합니다.

대니얼 라핀(D. Lapin)이 찾아냈듯이 영어에서 '성찰하다'는 뜻인 'muse'에 철자 'a'를 붙여서 'amuse'가 되면 '재미나게 하다'라는 상반된 뜻이 됩니다. 재미가 많을수록 사고력이 떨어지고 성찰할 수 없게 만든다는 의미입니다. 'play(놀이)'와 'pray(기도)'처럼 말입니다.

재미있는 프로그램에 중독되면 예배는 점점 통제하기 어려운 시간이 됩니다. 호르몬 도파민이 분비되면 집중력이 높아지고 탐구력과 창조성이 발휘되는데 도파민의 약점은 쾌락이 익숙해지면 분비가 감소된다는 점입니다. 쾌락, 재미(fun)에 익숙해 있는 부모는 아이들을 재미있게 해달라고 조르는데 그럴수록 집중력과 창조력은 떨어집니다.

교회는 사실 재미나 쾌락의 장소는 아닙니다. 교회 프로그램들이 아이들을 가벼운 사람으로 만들지 않는지 생각해봐야 합니다. 예배 전에 하는 놀이학습을 계속하기 원한다면 흥분을 진정시키는 침묵시간을 반드시 가져야 합니다.

말썽꾸러기들을 점잖게 하는 또 다른 방법은 옷차림입니다. 깔끔하지 않게 대충 입혀서 온 아이들이 대체로 산만하고 난폭합니다. 예배당에 올 때는 눈부시게 단장시켜서 데리고 나오라는 것이 하나님의 명령입니다(출 3:22).

아이와 함께 하는 시간

1) 교회는 재미없다고 미리 선포하십시오.
2) 최고의 멋진 양복이나 드레스를 선물하고 교회에 올 때 입혀주십시오.
3) 미끄럼방지 양말을 신지 않았다면 영아부실에서는 맨발로 다니게 하십시오.
4) 산만한 아이는 천으로 몸을 '꽁꽁싸주기'를 자주 해주십시오.
5) '마쉬멜로 이야기'를 해주세요.

5. 못들은 척 하는 아이는 어떻게 할까요?

3살 미만의 유아들은 야단을 맞고 돌아서서 똑같은 행위를 반복하지요. 말귀를 못 알아들었거나 듣고도 못들은 척하는 경우입니다. 우선 말귀를 못 알아듣는 아이는 잘 알아들을 수 있게 하는 방법이 있습니다.

러시아의 심리학자 알렉산더 루리아(A.R. Luria)는 6세 미만의 아이들이 부모의 지시를 얼마나 잘 이해하고 따르는지를 실험한 학자로 유명합니다. 그는 실험에서 아이들을 누름 단추 앞에 앉히고 "선생님이 '뭐뭐뭐' 라고 하면 단추를 누르세요"라는 지시를 했습니다.

이 실험 결과에서 3세 미만 아이들은 어른이 지시하는 내용을 듣고 구분하는 능력이 많이 부족했다고 합니다. 아이들은 조용하고 다정다감한 목소리에는 반응을 보였지만 강하고 큰 목소리에는 충동적으로 단추를 눌러 버린 것입니다.

이 실험의 결론은 아이들에게 크게 소리치는 것 보다 작고 나직하게 이야기하면 더 잘 듣는다 는 것입니다. 큰소리가 아이 귀에는 천둥이 내리치는 소리로 들릴 뿐 '언어' 로 받아들이지 못한다는군요. 화가 날수록 억양이 강해지고 톤이 올라갑니다. 윽박지르면 말을 듣는 것 같지만 실은 공포에 사로잡혀서 겁을 먹은 것입니다. 아이를 앉혀놓고 1:1로 차분하게 이야기하면 말귀를 훨씬 잘 알아듣습니다. 하나님은 낮은 목소리로 말씀하셨습니다(왕상 19:11-13 참고).

그러나 알아듣고도 못들은 척하는 아이는 듣기는 하지만 청종하지 않는 아이입니다. "네가 평안할 때에 내가 네게 말하였으나 (=좋게 말하는데) 네 말이 나는 듣지 아니하리라 하였나니 네가 어려서부터 내 목소리를 청종하지 아니함이 네 습관이라"(렘 22:21). 이런 아이를 위해서 회초리가 필요합니다.

아이와 함께 하는 시간

1) 꾸짖을 때는 조용한 방으로 데리고 가서 1:1로 훈계하십시오.

2) 행동지침을 녹음해 두었다가 "이 소리 들어볼래?"라고 하며 귀에 들려주는 방법도 있습니다.

* 매에 관해서는 1권 133쪽의 '체벌할 때의 주의 점'을 참고하세요.

6. 엄마를 찾으며 우는 아이를 어떻게 달래나요?

유아들은 엄마와 떨어져 있으면 찾고 우는 것이 당연합니다. 이때 엄마를 대신할 물건을 손에 쥐어 주면 울음을 그칩니다. 이런 버릇은 6-7세쯤 되면 자연스럽게 사라지게 됩니다.

이런 현상을 영국의 정신분석학자인 도널드위즈위니캇 (D.W.Winnicott)은 '중간대상(transitional object)' 이라고 말했습니다. 중간대상이란 '그가 아닌 어떤 것' 을 소유하는 것입니다.

아이는 스트레스 상황을 극복하는 수단으로, 또는 혼자 잠자러 갈 때 엄마를 대신할 어떤 대용품을 손에 쥡니다. 중간대상은 걸음마 아기에게 자율성을 증진시키는 유익을 준다고 합니다.

어린 아이가 예배시간에 떨어지지 않으려고 할 때 영아부실에 있는 인형을 안겨주기 보다 엄마의 냄새를 느낄 수 있는 스카프나 옷, 가방을 손에 쥐어 주는 것이 좋은 방법입니다. 아기에게 엄마의 소지품을 손에 쥐어 주고 "엄마 물건을 네가 잘 지키고 있어야 해."라고 해보십시오. 아이는 엄마가 돌아온다고 믿고 안심합니다. 아기를 데리고 영아부에 오려면 챙겨올 짐이 많은데 아기가 덮는 얇은 이불을 자동차에 싣고 와서 아기가 울거나 심하게 짜증을 부릴 때 살그머니 옆에 두면 진정 효과가 있습니다.

아이와 함께 하는 시간

1) 공부하기 전에 "하나님, 공부 잘하게 해주세요. 머릿 속에 쏙쏙 들어가라"라고 두뇌에 명령하면 두뇌는 알 아듣습니다. "엄마가 오실거야, 기다려라"라고 아기 의 두뇌에 명령하십시오.

2) 예배드리기 전에 헌금을 드리세요. 유대인들이 공부 하기 전에 하는 쯔다카(선행)가 학습능률을 높인다는 것은 이미 검증된 사례입니다.

3) 불안을 해소시키는 방법으로는 엄마가 사용하는 은은한 향수나 화장품이 아기에게 안정감을 준다는 사실을 아십니까?

* 아이들의 정서에 도움이 되는 '향기치료'에 관해서는 이영희, '생활속 자녀교육' 3장의 21일 '꽃향기 맡기' 를 참고하십시오.

7. 예배시간에 돌아다니는 아이는 어떻게 해야 하나요?

　시간 개념이 없는 아이들은 예배가 언제 시작해서 끝나는 지를 모릅니다. 막연한 시간은 사람을 불안하게 만드는 요인 중에 하나입니다. 어른들이 따분할 때 자꾸 시계를 들여다보는 이유도 시간이 얼마 남았는지를 살펴봄으로 지루함을 달래는 것입니다. 그런데 막막하게 기다리는 아이들은 초조하고 지루한 감정을 있는대로 드러냅니다. 아이들을 얌전하게 앉히는 방법을 가르쳐 드리겠습니다.

　첫째, 아이들은 시계바늘 돌리기, 태엽감기 놀이를 아주 좋아합니다. 토요일에는 아이하고 '시계놀이'를 하십시오. 시계바늘을 돌려가며 예배시작과 마치는 시간을 배우는 놀이입니다. 예를 들면 이렇게 합니다. "바늘이 이 지점에 올 때 까지는 조용히 해야 하는 시간이야" "바늘이 이 지점을 통과하잖아, 그러면 네가 돌아다녀도 돼."라고 말하십시오.

　둘째, 영아부실 강단의 뒷벽에 커다란 시계를 걸어두어서 아이들이 설교를 들을 때 시계를 쳐다볼 수 있게 하십시오. 통제시간이 해제되면 곧 자유시간이 있다는 것을 미리 알려주면 아이들은 훨씬 더 잘 견딥니다.

셋째, 예배시간에 3~4세 아이의 손목에 시계를 매달아 주고 시계 바늘이 마치는 지점으로 가는 것을 아이가 틈틈이 확인하게 하는 것도 좋습니다.

아이와 함께 하는 시간

1) 주일은 2~4세 아이의 손목에 멋진 시계를 매달아 주십시오. 주일은 시계를 차고 교회에 오는 날로 정해 보십시오.

2) 영아부 주보를 집에 가지고 가서 아이 앞에 펴놓고 설명해 주십시오(3~4세). "뭘 하고, 그 다음에는 뭘 하면 끝난다"라고. 부모님들도 마찬가지입니다. 주보를 통해서 예배와 교육에 대한 사전 브리핑을 받으셨습니까?

8. 반항하는 아이 지도법

아기가 30개월쯤 되면 도대체 사람을 무서워하지 않습니다. 교육학자들은 생후 2년 6개월 무렵을 제1반항기라고 부릅니다. 자기 마음에 들지 않으면 뒤로 누워서 발버둥을 치며 거세게 대듭니다. 자기주장을 분명하게 합니다. 이 시기의 아기는 자아가 독립적이며 호기심이 많다는 것을 보여주는 반면, 걱정될 만큼 거친 행동들을 하기 때문에 '반항기'라는 명칭이 붙은 것입니다.

미국의 행동주의 심리학자 존 왓슨(John B. Watson)은 이때 부모가 "안 돼" "하지 마"와 같은 부정적 언어로 제지하는 것은 어린이로 하여금 부정적인 감정을 갖는 원인이 될 수 있다고 했습니다.

하지만 제가 아이들을 지도하면서 얻은 확신은 이 주장은 금지와 부정을 혼동한데서 온 것입니다. "안돼, 하지마"라는 말은 부정적 언어가 아니라 금지언어입니다. 해야 하는 것과 해서는 안 되는 것, 즉 옳음과 그름을 분별하게 하는 통제언어입니다. 오히려 부정적 언어란 "그것 봐, 넌 항상 그 모양이지"입니다. 긍정문에 부정언어가 담겨 있습니다.

허용하지 않은 행동을 할 때 "하지 말라"고 하는 것이 아이에게 부정적인 개념을 심어 주는 것이 아니라는 뜻입니다. 부모들이 자녀에게 "하지 말라"는 말을 많이 하는 이유는 금지와 허용을 분별하는 능력을 훈련한다는 사실을 이미 알고 있기 때문입니다.

아이가 반항적으로 고집을 부린다면 "안돼"가 아니라 왜, 그런 행동을 해서는 안되는지를 가르칠 때가 온 것입니다. "이런 행동을 하면 어떤 일이 일어날까? 그 다음에는? 그 다음에는 어떤 일이?"라는 질문은 상상을 이끌어냅니다. 때로는 단호한 금지 선언이 필요합니다. "이것은 하나님이 허락하지 않은 것이다"라고 분명한 태도를 보여주어야 합니다.

아이와 함께 하는 시간

1) 관심을 끌기 위한 일시적 반항과 신념을 가진 고집을 구분하십니까?
2) 칭찬은 정직해야 합니다. 넘겨짚지 마십시오. 싫어하는 일을 해냈을 때, 선행을 했을 때 보상하십시오. 허용된 일과 금지된 일의 한계를 설정해 주십시오.

"네 미간에 붙여 표로 삼고"

미간은 전두엽 뇌를 말하는데 사람을 사람답게 하는 도덕적 판단, 창조성, 선악의 판단, 분석 등의 고차원의 기능을 담당한 곳입니다. "이 말씀을 미간에 붙여 표로 삼으라"고 하셨는데 "이 말씀"이란 십계명을 말합니다(신 5장 참고). 십계명이 사람을 하나님 사람답게 합니다.

우리아기, 공부 잘하는 방법을 가르쳐 주세요.

뇌의 좌우에 의욕을 북돋아주는 측좌핵이라는 신경세포가 있습니다. "공부 열심히 해야지" 하고 의지를 다지면 부신피질에서 방어 호르몬을 분비해서 인내력을 갖고 할 수 있게 된다는데 유효 기간이 72시간, 즉 3일은 간다고 합니다.(작심 3일)

그리고 집중력을 높이고 탐구력과 창조성을 발달시키는 도파민이라는 호르몬이 있습니다. 도파민은 서서 방안을 돌아다니며 소리 내어 읽고, 쓰고 할 때 많이 나온다고 합니다.

도파민의 과욕이 원인인 쾌락을 조절하는 세로토닌 호르몬은 쉬는 시간에, 음식을 씹을 때, 명상이나 기도할 때, 걸을 때 나옵니다. 그러므로 예배와 기도는 그 자체로도 사람을 사람답게 만드는 좋은 것입니다.

가정예배를 드리십니까? 영아부에서 아이와 함께 예배를 드리십시오.

콩과 두부요리는 두뇌 회전이 빠르게 하는. 레시틴이 풍부합니다. 보리는 뇌의 에너지원인 당질이 풍부해서 두뇌회전과 기억력이 향상됩니다.

"손목에 붙여 표로 삼고"

성경의 문화에서 손목은 언약을 상징합니다. 결혼예물 가운데 손고리(창 24:22,31:50, 겔 16:11,23:42)가 있고, 다곤 신을 심판할 때 손목을 끊으셨습니다(삼상 5:4).

9. 어린이가 제일먼저 훈련받아야 할 성품은 어떤 것일까요?

'경외(거룩)' 입니다. 레 19:23~25 말씀을 읽어보십시오.

"너희가 그 땅에 들어가 각종 과목을 심거든 그 열매는 아직 할례 받지 못한 것으로 여기되 곧 삼 년 동안 너희는 그것을 할례 받지 못한 것으로 여겨 먹지 말 것이요 넷째 해에는 그 모든 과실이 거룩하니 여호와께 드려 찬송할 것이며 다섯째 해에는 그 열매를 먹을지니 그리하면 너희에게 그 소산이 풍성하리라 나는 너희의 하나님 여호와 이니라"(레 19:23~25)

유대사회는 '삼년, 넷째 해, 다섯째 해'를 아이의 나이에 적용해서 3~5세의 발달과 학제의 근거로 삼습니다. 그런데 대뇌학자들의 주장이 이 말씀을 뒷받침해 줍니다. 뇌는 신경세포의 가지가 복잡하게 뻗어나가 세포끼리 복잡하게 얽히는 시냅스(synapse)에 따라서 두뇌 회전이 좋거나 나빠지는데 학자들은 시냅스 활동이 생후 36개월까지 가장 왕성하게 일어난다는 사실을 알아냈습니다.

러시아의 행동주의 심리학자 왓슨(J. B. Watson)은 어릴 때 아이에게 풍부하고 좋은 자극을 줄수록 시냅스의 연결이 좋아진다고 말했습니다. 이때의 자극이란 교육을 의미합니다. 시냅스 활동이 가장 왕성하게 일어나는 3살까지는 영양 공급을 충분히 해주고 신경세포의 가지치기를 잘해야 합니다.

할례 받지 못한 것으로 여기라는 것은 '거룩'에 관련된 표현입니다. 3년이란 기간 동안 과일을 먹을 수 없는 이유는 할례 받지 못한 것, 즉 거룩하지 않기 때문입니다. 그래서 성경의 아기들은 난지 8일 만에 할례를 통해서 거룩해져야 했습니다. 네 살이 되면 찬송으로 뇌를 자극해서 시냅스를 거룩하게 해야 합니다. 말씀으로 자극을 주면 시냅스가 말씀에 익숙하게 반응하게 됩니다.

아이와 함께 하는 시간

1) 찬송으로 아기의 뇌를 자극해서 시냅스를 거룩하게 하십니까?(마 23:17,19)
2) 말씀을 가르칠 때 한 가지 원리를 반복시켜주십니까?
3) 할례의 새 언약인 유아세례를 통해서 아기는 거룩해져야 합니다. 아기에게 유아세례를 베풀었습니까?

10. 이기적인 아이는 어떻게 하나요?

과자봉지를 움켜쥔 봄이에게 봄이 엄마가 "엄마 한 개만" "한 입만"이라고 했더니 아이가 고개를 옆으로 살래살래 저으며 달아납니다.

봄이 엄마는 "벌써부터 제 입만 아는구나." 하시며 서운해합니다. 아이에게 준 것은 이미 아이의 것입니다. 아이에게 감사와 나눔을 가르치려는 의도였다면 이거야말로 좋은 방법이 아닙니다. 구걸동냥 하듯 하는 것은 오히려 부모에 대한 존경심을 잃게 하고 인격형성에도 좋은 영향을 주지 못합니다. 자신이 테스트 당하고 있다는 사실을 아는 아이는 영리하게도 엄마의 속셈에 속아 주지 않습니다.

아이가 스스로 "엄마도 드세요"라는 말을 하려면 아이에게는 실습이 필요합니다. 밥상에서 남편은 아내에게, 아내는 남편에게 "먼저 드세요"라고 권해 보십시오.

아이를 다루는 평범한 진리는 하나님께 배워야 합니다. 이스라엘 자손들이 수백 년이 지나도록 귀가 아프게 들은 말이 "내가 너희를 애굽에서 어떻게 구원했는데, 이럴 수 있느냐"는 것인데 이는 기억을 상기시켜서 은혜를 잊지 않는 사람이 되기를 바라신 것입니다. 은혜를 추억하면 결국 우리에게 유익이 됩니다. 아이가 부모의 은혜를 기억하도록 추억을 쌓아주십시오.

부모의 손을 잡고, 또는 안겨서 영아부에 와서 함께 배우는 경험은 하찮은 일 같지만 좋은 추억이 됩니다. 아기와 부모는 서로를 기억할 것입니다. 몇 년 후에는 아이와 함께하는 시간이 지금보다 훨씬 더 줄어든다는 사실을 명심하십시오.

아이와 함께 하는 시간

1. 아이에게 거절당한 적이 있습니까? 자존심 상하고 창피했나요?

2. 아이들은 태어날 때부터 이기적이므로 이타적이 되기 위한 교육을 받아야 합니다. 영아부에 일찍 나오면 아기랑 함께 주보접기 봉사를 해보세요(3~4세).

3. 아이가 간식을 받으면 "선생님도 드세요" 또는 "엄마도 드세요" 라고 권합니까?

4. 음식을 작은 바구니에 담아서 옆집에 '음식선물하기' 심부름을 시켜보세요. 아이에게 음식은 나눠 먹는 것이라는 것을 가르치십시오.

11. 아기들은 왜 침을 많이 흘리나요?

아기들의 손감각이 발달하는 생후 4개월이 되면 침샘도 발달합니다. 6~8개월 무렵이면 이가 나오려고 잇몸이 가렵게 되는데 이때 잇몸을 깨물게 되고 침도 많이 흘립니다. 아기들이 침을 흘리는 것은 열 순환계, 목, 비장의 발달이 미숙하므로 고인 침을 제대로 삼키지 못하기 때문입니다. 침을 흘린다는 것은 이유식을 시작할 수 있음을 알리는 신호이기도 합니다. 아기들은 두 돌이 지날 무렵에야 침을 흘리지 않습니다. 만약 3~4세가 되어서도 침을 많이 흘리면 열 순환계, 목, 또는 비장에 문제가 있는지 진단을 받을 필요가 있습니다.

아기들의 침은 어른에 비해 강력한 세정효과가 있습니다. 손을 입에 넣고 수시로 빨고 물건들을 입에 집어넣는 아기들에게 하나님은 강력한 항균, 소독 효과를 주는 침이 나오게 하셨습니다. 침을 지나치게 깨끗이 닦아 주기보다는 침을 흘리는 아이들의 손을 자주 씻어주어야 합니다. 예수님의 제자 중에 시몬 베드로는 손을 씻어 달라고 했습니다. "주여 내 발뿐 아니라 손과 머리도 씻어 주옵소서"(요 13:9)라고. 그런데 예수님은 발을 씻어 주셨습니다. 어른이니까요. 이 말씀으로 볼 때 아기들이라면 손을 씻어 주셨을 것입니다.

침에 대한 상식

벌레에 물리면 침을 발라주는데 침은 소화촉진, 혈액응고 작용 뿐 아니라 항균, 면역의 효능이 있기 때문입니다. 침에는 '면역 글로블린' 이라는 단백질이 항균작용과 소독작용을 합니다.

아이와 함께 하는 시간

1) 영아부는 손을 씻어주는 세수(洗手)식을 하셨습니까?
2) 4개월 아기들에게는 턱받이를 선물하십시오.
3) 침을 닦아줄 때는 "우리 아기의 침샘이 발달하게 하신 하나님을 찬양합니다" 라고 기도하십시오.

12. 아이들이 왜 난폭해질까요?
어떻게 하면 폭력성이 줄어들까요?

미국 컬럼비아 대학 카사연구소에 의하면 가족식사 횟수가 자녀의 흡연, 음주, 마약경험과 반비례한다는 조사 결과가 있습니다. 성적과 밥상의 관계를 위해 청소년 1,200명 대상으로 조사결과, 가족식사 주 5회 이상 학생이 A학점을 두 배 이상 받는다는 것입니다.

1980년 하버드대학 연구팀은 가족식사가 언어발달을 탁월하게 한다고 했는데 책을 읽어줄 때 140개 단어를 익히는 반면 가족식사에서 익히는 단어는 1,000개에 달했다고 합니다.

일본학자들의 연구에는 혼자 밥먹는 아이들에게서 심각한 문제가 발생한다는 것을 찾아내고 국가적으로 가족식사운동 전개하기도 했습니다. 음식을 씹는 동안 뇌에서 분비되는 옥시토신이 스트레스를 줄이고 행복감을 느끼게 한다는 것이 그 이유입니다. 사랑하는 사람과 마주 앉아 밥을 먹으면 안 먹어도 배부른 감을 느끼는 것은 먹는 모습만 봐도 옥시토신 분비가 늘어나기 때문입니다.

우리가 알고 있는 '후라이팬' 이라는 단어에서 팬은 라틴어 '팬(pan)' 에서 유래했는데 이것은 빵이라는 뜻입니다. 동료를 뜻하는 companion, company는 com(함께)+pan(빵)의 합성어로 "빵을 나누는 사람들"을 말합니다.

우리는 가족을 '식구(食口)'라고 하는데 '한집에서 같이 살며 끼니를 함께 하는 입'이라는 뜻입니다. "우리 아이가 혼자서 밥을 잘 먹어요"라고 기특해 하지만 밥을 떠먹여주며, 나눠먹으며 대화하다보면 조급함, 우울증, 난폭성이 훨씬 줄어듭니다.

영의 양식도 마찬가지입니다. "우리 아이가 혼자서도 예배를 잘 드려요"라고 칭찬하지만 함께 드리며 쓰다듬어주고, 대화하며 드리는 예배의 과정이 사실은 더 중요합니다.

예배는 언어발달은 물론 정서안정과 마음을 순화시켜서 난폭성과 폭력성을 예방합니다. 8개월이면 척추와 허리가 발달해서 의자에 앉을 수 있고 손으로 수저를 집니다. 이때부터는 유아용 의자에 앉히고 가족과 밥을 먹게 하십시오.

아이와 함께 하는 시간

1) 아이가 혼자 젖병을 입에 물고 돌아다니며 먹게 하고 설거지나 다른 일을 하십니까? 이것은 양육이 아니라 사육입니다.

13. 아기가 예배를 드릴 수 있나요?

얼마나 말씀을 잘 알아듣고 이해하느냐는 것이 예배의 초점이라면 지성인일수록 훌륭한 예배자입니다. 하지만 예배가 하나님께서 내려주시는 은혜에 참여하는 시간이라면 아기도 예배자가 될 수 있습니다.

예배를 뜻하는 히브리어 '아보다'는 '종이 되어 섬긴다'는 뜻인데 직업도 '아보다'라고 합니다. 영어는 이 단어를 'service'라고 번역했습니다. 이처럼 하나님을 섬기는 것과 사람을 섬긴다는 말이 같습니다. 아기가 예배드릴 수 있도록 부모가 섬겨주면 아기는 섬김을 배우고 예배를 드립니다.

어려서 하나님을 섬기는 훈련을 받으면 하나님을 섬기는 똑같은 방식으로 사람을 섬기게 됩니다. 대표적인 예가 삼손과 사무엘입니다(이 책 2번 참고). 단지파 사람들은 실로공동체에서 이탈했고 삼손은 어린 시절이 없이 어른이 되었습니다. 남을 섬기려면 자신을 쳐 복종시켜야 하는데 삼손은 섬김을 배우지 못했다는 뜻입니다. 그가 부모의 충고를 듣지 않았다는 정보를 성경은 은근히 흘립니다. 반면, 사무엘은 유아기에 성막이라는 교육공동체에서 순종과 섬김훈련을 받았습니다. "사무엘은 어렸을 때에" 제사장을 섬기고 여호와를 섬겼습니다(삼상 2:9,11 참고). 그리고 아이가 여호와와 사람들에게 은총을 더욱 받았다고 말씀합니다(삼상 2:26). 예배가 아기의 영혼을 윤택하게 하는 것 외에 또 어떤 유익을 줄까요?

영아부 예배시간에 아이를 데려와서 앉혀두는 것으로도 아이의 미래 학습능력을 준비시키는 좋은 훈련이 됩니다. "이 말씀을 너는 마음에 새기라 (upon = up+on)"고 하셨듯이 공부는 머리만이 아니라 마음으로 하는 것이며, "앉았을 때 가르치라"는 진득하게 앉아서 즉, 엉덩이로 하는 것입니다.

앉아서 듣는 예배는 공부 잘하는 바탕을 발전시켜서 공부 뿐 아니라 인성과 영성과 사회성이 좋은 사람을 만드는 기초 훈련이 됩니다.

유대인들에게 있어서 신(神)을 찬양하는 최대의 행위는 공부하는 일이랍니다. 예배당은 공부하는 장소이며 연구하는 장소로 사용되어 왔습니다.

아이와 함께 하는 시간

1) 아기가 예배를 드릴 수 있도록 부모가 곁에서 섬겨주십니까?
2) 예배만 드리고 가십니까? 아기가 헌금, 찬양단으로 봉사하나요?

앉아서 듣는 기본기 익혀주기

20세기까지도 교육자들은 '타블라롯사' 즉 인간은 백지 상태로 태어난다고 믿었습니다. 그러나 지금 이 주장을 믿는 사람은 없습니다. 결국 성경의 인간관이 증명된 것입니다(시 22:10 참고).

성경의 통찰력이 뛰어난 랍비 텔러스킨(J.Teluskin)은 인간이 지닌 양면성에서 교육의 한 원리를 찾아냈습니다. "악에서 떠나 선을 행하라 그리하면 영원히 살리니"(시 37:27, 34:14)라는 말씀은 좋은 습관을 받아들이기에 앞서 나쁜 습관을 먼저 몰아내야 한다는 것입니다.

영아부 교육의 기본기는 분명합니다. 운동선수가 처음부터 필드에 나가서 공을 던지는 것이 아니라 잘못된 자세부터 바로잡는 훈련을 받고나서 공 던지는 법을 배우듯이 우선 악을 걷어내야 합니다.

시편 기자는 "하나님께서 나를 어려서부터 가르치셨으므로 내가 지금까지 주의 경이로운 일들을 선포합니다"(시 71:17)

라고 고백했습니다. "어려서부터"란 시 71편 5~6을 참조할 때 "모태에서부터"라는 뜻입니다. 만약 모태교육을 놓쳤으면 영아기가 우리의 희망입니다.

생후 6개월부터는 부모무릎에 앉아서 듣는 기본기를 훈련하십시오. 예배의 말씀을 듣는 시간에 돌아다니는 나쁜 습관이 길들지 않도록 하려면, 우선 우유나 밥그릇을 들고 돌아다니며 먹는 버릇을 버려야 합니다. 인간이 가진 대부분의 행위는 습관적으로 이루어지는 것이 많습니다.

습관이 어떻게 형성되며, 또 그것이 어떻게 변화되는가 하는 과정의 조건화(Conditining) 학습이론을 낸 러시아의 심리학자 파블로프(Ivan Pavlov)는 습관은 의도적인 훈련에 의해서 형성되기도 하고 무의식적으로 받아들여 버릇이 된다고 합니다.

신명기 6:4-9에서 언급한 것처럼 길에서, 잠자리에서, 일어나서, 앉아서, 걸으며 반복하라는 것은 습관을 강조하는 말씀이기도 합니다.

아기들을 홀대했다는 이유가 그렇게 화낼 일일까요? 예수께서 화를 내신 것은 주목해야 할 본문입니다. 어린이를 용납하라는 말씀의 이 사건은 사경을 헤메는 고위 관직의 아들(요 4:49~53)과 회당장의 죽은 딸아이(막 5:39)를 살리시고 귀신들린 어린 딸아이(막 7:28)와 사내아이(막 9:20~27)에게 들러붙어있는 귀신을 쫓아내 주신 사건에 뒤이어서 나옵니다. 막 10장을 막 5:39-7:28, 9:20, 9:36-10:13의 연장선상에 놓은 배열은, 왜 분통을 터뜨리셨는지, 어린이를 주님께 속히 데려와야 할 이유를 설명해 줍니다. 아이들은 야이로의 어린 딸처럼 생명을 잃고 사단은 어린 영혼을 집요하게 파괴시킨다는 이 사실을 연거푸 빤히 목격했으면서 방치하는 목격자들의 태도에 분노하셨습니다. 이것은 경고입니다. 영적 건강은 영적 환경이 중요하며 영적요람인 영아부를 세우지 않는다면 예수님을 또 화나게 하는 것입니다.

2장

아기보기에 성공하신
예수님의 노하우 다섯
– 아기의 복음 벤처 마케팅에 뛰어드신 예수님

영아부 교사와 부모님들을 난감하게 하는 것은 아기들이 염치도 없이 때와 장소를 가리지 않고 운다는 것입니다. 언어 발달이 미숙한 아기들의 의사표현이 소리를 지르면서 우는 것입니다. 2장에서는 우는 아기를 잘 달래고 울음을 뚝 그치게 하신 예수님의 '아기보기' 비법과 아기 교육에 앞장서신 예수님의 전략을 공개합니다.

"즐거워하는 자들과 함께 즐거워하고 우는 자들과 함께 울라"(롬 12:15)

14. 노하우 1 아이를 앞뒤로 흔들어 주세요.

예수님의 제자들은 아기보기에 실패한 쓰라린 경험이 있습니다. 남자들은 대체로 소음을 못 참는데 아기를 낳아 길러본 적도 없는 예수께서는 어떻게 하셨기에 아기들이 그분의 품에 안겨서 축복을 받을 만큼 조용해졌을까요? 부모들이 자기 아기들을 데리고 온 것은 "예수님의 만져주심을 바래서"입니다(막 10:13, 눅 18:15).

이 구절은 이 사태의 원인을 파악하는 단서입니다. 건강에 이상이 있는 그들은 소아과 의사에게 보이러 갈 형편이 못되었거나 조기치료를 놓쳐서 온 듯합니다. 그런 아기들은 짜증이 심하고 보채고 칭얼대고 울어서 어른들을 지치게 하지요. 그런데 간호사들(제자들)이 부모상담도 하지 않고 불친절하게 쫓아버린 것입니다. 언짢아하는 표정을 아기들은 재빨리 눈치챕니다. 제자들의 오진(?)으로 벌어진 사태를 예수님께서는 이렇게 수습하셨습니다.

그분은 우선 제자들과 부모들에게 아동관에 대한 진리를 설명하셨고(막 10:13~14 참고) 그리고 나서 아기들을 안고 만져주시고 축복하셨는데(막 10:16, 마 19:13, 눅 18:15~17 참고) 이는 아기를 달래주셨다는 뜻입니다.

유대전통에는 토라를 읽을 때, 기도할 때, 몸을 앞뒤로 흔듭니다. 아기를 달랠 때도 안고 앞뒤로 흔들어줍니다. 예수님이 가시는 곳마다 3살 미만의 아기를 둔 부모들이 와글거리고 아기들은 부모 품에 안겨 나왔으니 예수님이야말로 영아부 부흥사이십니다.

* 삼위일체육아법 87~98쪽을 읽어 보십시오

아이와 함께 하는 시간

1) 의사의 진료를 받기 전에 기도하며 보듬어 주십니까?
2) 아기를 달랠 때는 앞뒤로 흔드세요. "아기를 달랠 때는 양옆이나 위아래가 아니라 앞뒤로 흔든다. 아기가 태어나기 전에는 엄마가 걸을 때마다 뱃속에서 앞뒤로 흔들렸기 때문에 그런 움직임에 익숙하고 안정감을 느낀다."
– 영국의 산파 트레이스호그(Trace Hogg)

15. 노하우 2 아기를 신속히 부모에게 인계하십시오.

제자들이 아기보기의 두 번째 실수는 예수님의 사역을 돕는다는 생각에서 일어난 듯합니다. 방해요인을 제거하는 일이 제자들의 임무입니다. 그런데 제자들을 당혹하게 하는 사태가 벌어졌습니다. 아기들은 낯선 장소에 데려다 놓으면 웁니다. 얼굴, 냄새, 공기흐름 등에 예민하게 반응하기 때문입니다. 아기들이 공공장소에서 우는 것은 불안을 느낀다는 신호탄입니다. 게다가 야단맞으면 엄마부터 찾습니다. 그 울음은 엄마를 데려오라는 신호인데 제자들은 떼어놓으려고 했습니다. 한 아기가 울면 연쇄적으로 따라 우는 것은 타인의 고통에 대한 반응으로 운다는 사실이 밝혀졌습니다.

한 조사에서는 아기에게 자기 울음소리가 녹음된 테이프를 들려주었을 때는 따라서 울지 않았다고 하는데 아기는 본능적으로 타인의 고통에 공감하며 함께 울어준다는 것입니다. 그런데 꾸짖었으니 모임은 난장판이 되었습니다. 질서를 잡기 위해서 꾸짖었는데 예수님은 오히려 제자들의 그런 태도에 분개하셨습니다.

이날, 예수님의 수습방법을 보십시오(막 10:13~14 참고).

예수님은 아기들을 축복하시기 전에 우선 제자들과 부모들에게 천국의 아동관을 가르치시므로 아기들을 기다리게 하셨지요? 아기들도 인내와 절제훈련이 필요합니다. 그런데 한계가 있습니다. 예수님은 아기들을 안고 축복하신 후 예수님 자신이 장소를 옮기셨습니다. "그들에게 안수하시고 거기를 떠나시니라"(마 19:15, 막 10:17 비교) "거기를 떠나셨다"는 말은 예수께서 아이들을 제자들에게 맡기지 않고 부모에게 인계하셨다는 뜻입니다.

부모와 아기를 한 장소에 모아두고 40분 이상의 모니터 설교를 강요하는 것은 의미가 없습니다. 그런 곳에는 예수님도 오래 머무시지 않고 떠나십니다.

아이와 함께 하는 시간

혹시 영아부실에서 설교를 중계방송으로 들으십니까? 목회자는 설교 도중에 가끔씩 어린 관람객(?)을 위해서 '손유희'와 '도리도리잼잼'을 해 주셔야 합니다.

16. 노하우 3 아기와 한편이 되십시오.

엄마들은 아마도 예수님의 열렬한 팬클럽(?)을 조직한 것 같습니다. 예수께서 가시는 곳마다 아기들이 성황을 이루었으니까요. 어린이가 없었다면 오병이어의 기적도 없었을 것입니다(요6:9). 예수님이 제자들과 다른 점은 아기와의 공감능력이 탁월하셨다는 점입니다. 아기들은 자기편이 누군지 압니다. 우는 아기를 달래는 좋은 방법이 공감입니다. 편을 들어 주는 것입니다. 아기를 부드럽게 쓰다듬어 주면서 울린 사람을 슬쩍 야단치는 것입니다.

마 19:13~14, 막 10:14~15, 눅 18:15~16에 있는 일관성 있는 순서에 주목하십시오. 예수께서 아기 울리는 어른들을 꾸짖자 울던 아기들이 낯선 남자 예수님께 안겼습니다. 목소리와 스킨십 공감은 좋은 방법입니다. 얼러주고, 안아주고, 만져주는 것은 아기의 기분에 공감한다는 메시지이기도 합니다. 공감이 중요한 것은 아이들은 심지어 사물에게 인격을 부여한다는 점에서도 볼 수 있습니다. 아장아장 걷다가 책상 모서리에 부딪히면 책상을 꾸짖어 달라며 우는데 이것은 무생물이나 사물들을 하나의 인격체로 보기 때문입니다. 지혜로운 우리 선조들은 책상을 꾸짖으면 아이가 울음을 그친다는 사실을 알았습니다. 주의할 것은 무생물이라고 해서 함부로 다루는 태도는 생명체도 마구 다룰 폭력성으로 발전할 수 있다는 점입니다(민 20:11~12 참고). 아기가 인형이나 장난감을 가지고 놀다가 심술이 나면 집어던집니다. 이때 아이를 달래는 방법은 공감입니다. "속이 많이 상했구나, 인형도 아팠겠다"라면서 아기와 인형을 쓰다듬어주면 사물을 조심스럽게 다루며 존중하는 태도를 배우게 될 것입니다. 사물에 대한 구체적인 사고는 7살이 지나야 가능합니다.

아이와 함께 하는 시간

1) 아기를 응원해 줄 부모가 곁에 있습니까?
2) 아이가 엄마에게 야단맞으면 울면서 아빠에게 갑니다. 아빠가 아기에게 "엄마를 때려주고 오세요"라는 것은 올바른 공감표현일까요? * 교육에는 일관성이 있어야 합니다.

17. 노하우 4 아기를 벤처마켓하십시오

　제자들의 심정도 이해할 만합니다. 대책 없이 아이들을 데리고 와서 울리는 부모들도 실은 문제입니다. 아기들이 울고 떠드는 대부분의 이유는 부모의 산만한 감정이 이입되는 경우가 많으니까요. 어쨌든 아기들이 말을 할 줄 알게 되면 울음은 줄어듭니다. 울 때가 있으면 웃을 때가 있듯이 다 때가 있습니다. 멀리 보신 것입니다.

　"예수께서 이르시되 어린 아이들을 용납하고 내게 오는 것을 금하지 말라 천국이 이런 사람의 것이니라 하시고"(마 19:14)

　영아들에 대한 사건을 다룬 이 본문은 공관복음에서 세 차례 다뤄지고 있는데 어려서 율법을 완독한 한 유대 관원이 받은 조기교육과 연결을 시킵니다. 실속 차리자면 아기들을 꾸짖어서 내쫓는 제자들의 태도에 슬쩍 눈감아주고 부자 청년이며 유대관원인 이 사람을 꼭 붙들어야 사역에 보탬이 되지 않겠습니까? 그런데 예수님은 간식이나 축내는 아기들은 붙잡고 돈 많고 백 있는 청년은 돌아가게 만드십니다. 아기에게 모험을 걸다니, 이런 벤처마켓 투자자는 드뭅니다.

이 사건은 마 19, 막 10, 눅 18장의 문맥으로 봐서 유대인의 동네에서 있었던 일로 짐작 됩니다. 즉 조기교육 바람이 드센 8학군에서 일어난 사건이었다는 뜻입니다. 어른을 변화시킨다는 것이 얼마나 어려운 일인지, "낙타와 바늘귀"에 비교하셨습니다. * 낙타를 '밧줄'로 해석하는 학자들도 있습니다.

아이와 함께 하는 시간

1) 울면 같이 울어주고, 웃으면 같이 깔깔대고 웃어주는 아기들의 공감능력에서 천국의 자질을 배우셨습니까?
2) 하나님 나라를 위해 영아부에 출석투자를 하십니까?

18. 노하우 5 우리의 몸이 소리 나는 악기입니다

아기 울음을 뚝 그치게 하는 도구가 있나요? 있습니다. 우리 몸입니다. 예수님은 "그 어린 아이들을 안고 그들 위에 안수하시고 축복하시니라"(막 10:16)고 하셨는데 아마 심장 가까운 왼쪽 가슴에 안고 축복하셨을 것으로 짐작합니다. 유대인들은 테필린을 팔에 감을 때도 왼손 팔목에 묶어서 심장 가까이에 두는 관습이 있습니다.

심장박동, 맥박 뿐 아니라 우리 몸이 소리 나는 악기입니다. "졸졸졸, 똑똑똑, 쉬쉬." 아기가 모태에서 양수의 출렁이는 소리를 들으며 지냈기 때문에 '졸졸졸' 흐르는 물소리를 들려주면 안정감을 가지고 잠도 잘 잡니다. 아기가 칭얼대고 보채면 '똑,똑,똑' 혀로 입천장을 치는 소리로 달래십시오. 아기는 모태에서 들어온 엄마의 심장박동, 맥박소리에 익숙합니다. 아기 귀에 '쉬 쉬' 물 흐르는 소리를 들려주십시오. 모태에서 듣던 엄마의 혈관에서 피가 흐르는 소리에 익숙해 있는 아기의 정서에 효과가 있습니다.

아기가 엄마와 함께 있으면 안심해서 좋아하고 혼자 있으면 우는 것은 인지와 사회성, 정서적 발달의 도약 단계에 들어섰다는 신호입니다. 반면, 어떤 아기들은 혼자 있으면 의젓하게 행동하며 잘 놀다가도 부모가 오면 응석받이가 되고 버릇없이 과감한 행동을 합니다. 평소에 떨어져 지낸 시간이 많으면 더 많이 칭얼대며 어리광을 부립니다.

이것을 볼 때 아기는 긴장상태에 있다가 엄마와 있을 때 긴장감을 푼다는 것을 알 수 있습니다. 어른들은 아이가 울지만 않으면 기특하다고 여기지만 아기 입장에서는 긴장하고 있거나 자신의 욕구가 거절되는 상황에 단념하는 법을 배운 것일 수도 있습니다. 아기가 울 때 예수님은 재빨리 반응하셨듯이 우리도 그래야 합니다.

아이와 함께 하는 시간

3~4세는 앞자리에 앉히십니까? 아기방에 물소리 나는 기구가 있나요? 자기중심성과 모든 사물에도 생명이 있다고 생각하는 애니미즘(Animism) 시기에는 인형이나 소리 나는 장난감으로 아기의 기분을 풀어주십니까?

오늘은 '휘파람 소리내기'를 연습해보세요.

아이가 자판기에 매달려서 "콜라" 내놓으라고 울어 댑니다. 어른들은 먹고 싶은 것을 다 먹으면서 아이는 왜 못 먹었지요? 돈이 없으니까요. 아이는 모릅니다. 아이가 냉장고 문을 '쾅쾅' 여닫는 놀이를 합니다. "그러지마!" 왜죠? 전기료가 올라가니까요. 하지만 아이는 모릅니다. "냉장고에는 엄마 반찬만 가득하지. 마늘, 김치, 갓김치, 동치미, 물김치, 마늘장아찌, 가시 많은 생선, 맥주."

아이는 스마트폰을 빼앗기고 웁니다. "엄마거야, 만지지마!" "엄마는 다 있지. 내 신발은 두 개, 엄마 신발은 10켤레. 모두 엄마 옷, 그러면서 내가 사달라고 하면 '돈 없다' 고 하지, '그럼, 카드 줘!' 그것도 안 주지."

어서 빨리 어른이 되자. 엄마처럼 맘~대로 살게, 돈 벌어서 복수할거야.

"아이야, 너희는 어른과 사는 방식이 다르단다. 필요가 다르단다. 막상 어른이 되어보니까 맘대로 살다가는 쫄딱 망한다는 것을 경험하지. 그것은 다 한여름 밤의 꿈이란다."

3장

천재 엄마의
아기발달 진료하기

성숙이론(Maturational Theory)을 대표하는 미국의 아동 심리학자 아널드 게젤(Arnold Gesell)은 발달주기를 0~5세, 5~10세, 10~16세의 세 주기로 구분하면서 발달 속도에 개인차가 있지만 전 인류가 동일한 생물학적 시간표를 공유하고 있다는 말을 합니다. 발달과 성숙은 누군가에 의해서 이미 계획된 방식이 있다는 뜻입니다.

우리는 프로그래머가 누군지를 이미 압니다(창 2:1).

3~4장은 아기의 발달을 검진하는 진료시간이라고 할 수 있습니다. 특히 3장은 태아부터 4세까지의 발달을 설명했습니다.

"아기가 자라며 강하여지고 지혜가 충만하며 하나님의 은혜가 그의 위에 있더라"(눅 2:40)

19. 태아(임신~출산 전)

결혼 5년 미만 남짓한 영아부 부모님들은 직장, 양가집안 대소사 챙기기, 주택, 출산, 양육 등으로 하루가 버겁습니다. 현대 부모들은 임신+학업+직업, 이 세 가지를 융합해서 삽니다.

인공지능(Artificial Intelligence)이 세상을 지배하는 터미네이터는 스크린의 판타지가 아니라 우리의 현실이 되었습니다. 엄청난 비용과 시간을 들여서 지능을 만드는 이런 세상에서 288일에 완전한 인간을 완성하는 임신이야말로 하나님이 주신 큰 축복입니다.

인류 미래의 두뇌를 만드는 280일! 1천억에 이르는 뇌세포가 태아 시기에 만들어집니다. 정교한 cpu가 280일 만에 완성된다니, 이 엄청난 기적과 기회를 잡으십시오! 부모에게 있는 최고의 유전자가 대물림되도록 창조주와 협업을 합시다. 아이는 부모의 미래입니다.

3남 12녀의 엄마인 랍비 부인 바타아 도치(Batya Deutch)를 만났을 때 "아이가 태어나면 마음 한자리가 넓어진다"던 말이 생각납니다. 임신한 부모님들이 영아부에 오시면 출생 후 12개월 반에 소속됩니다. 임신 사실을 하루라도 빨리 아는 것이 육아를 위한 가장 좋은 시작입니다. 자궁은 하나님이

거니는 비밀의 정원과 같습니다. 그러니 엄마의 뱃속은 아가의 교회라는 사실을 잊지 마세요. 성경에는 이런 말씀이 있어요.

"사람이 무엇으로 심든지 그대로 거두리라"(갈 6:7)

아이와 함께 하는 시간

1) 엽산은 태아의 신경관과 뇌의 발달에 중요합니다. 시금치, 콩, 완두콩, 레몬, 바나나, 딸기, 메론, 토마토, 곡물, 과일을 많이 드십시오(씨맺는 채소와 씨가진 열매들은 엽산이 풍부합니다(창 1:29).
2) 오늘 영아부 아기의 부모 간식은 토마토 한 개입니다.

보충 학습

• 임신초기(0~2주) / 수정된 지 12~15시간 동안에 천문학적인 세포분열을 하며 외배엽, 중배엽, 내배엽의 세 개의 세포층이 형성됩니다. 외배엽 가운데에 척추(척색)가 형성되고 척추가 신경관을 형성하도록 유도합니다. 신경관은 척추, 뇌, 피부의 상피, 감각기관, 털, 손톱이 만들어질 준비를 합니다. 피부와 손가락이 뇌와 관련이 있다는 것은 이러한 이유에서입니다. 중배엽은 골격, 근육, 혈관, 생식계를 만들 준비를 하고 내배엽에서 호흡계, 소화계, 외분비계가 분화 됩니다.

• 3~4주 / 중배엽에서 심장이 형성되어 박동을 시작합니다.

• 4주 / 팔다리가 될 부분이 나타납니다.

• 6주 / 사지가 구별되고 내배엽에서 호흡계와 소화계가 형성됩니다.

• 2개월(8주) / 근육의 발달로 몸을 움직이며 뇌의 기능이 나타납니다. 귀가 형성되지 않았지만 듣기 시작합니다 (=뇌 활동).

• 3개월(12주) / 성 구분이 확실하고 입덧이 시작됩니다.

- 4개월(16주) / 태아가 외부 소리에 반응하기 시작합니다.
- 5개월(20주) / 외부의 소리에 민감하고 태동이 시작됩니다.
- 6개월(24주) / 태아의 뇌세포가 매일 5000만~6000만 개 생성되며 소리 자극에 의해 뇌가 발달합니다.
- 7개월(28주) / 기억판이 형성됩니다.
- 8개월(32주) / 자궁 밖 온도에 적응할 준비가 됩니다.
- 9개월(36주) / 태아가 스스로 출산 준비를 합니다.
- 9개월 반(39주) / 분만!

아이와 함께 하는 시간

고소한 냄새가 나는 가자미 미역국과 진 밥, 반찬 냄새로 산모를 맞이하십시오, 탄수화물을 구울 때 나오는 냄새는 예민한 신경을 누그러뜨리고 안정시키는 효과가 있습니다.

1. 태아가 싫어하는 5가지

1) **체온 변화** – 갑작스런 체온 변화는 엄마의 피부를 긴장시켜서 아기를 놀라게 할 수 있습니다. 목욕은 미지근한 물로 몸을 적셔가며 씻으십시오.

2) **큰소리** – 소음, 경적소리가 빈번한 장소를 피하십시오.

3) **불빛** – 자동차 헤드라이트처럼 갑자기 비춰지는 강렬한 빛이나 갑자기 불빛을 켜는 자극은 삼가십시오.

4) **주먹** – 주먹 쥐는 습관을 버리십시오(손을 펼 것).

5) **불완전한 감정상태** – 임신 중에 어떤 음식을 섭취했는지보다 중요한 것은 부모의 생활태도와 감정상태입니다. 다음 항목을 점검해 보십시오.

* 가족과 잘 지내고 있습니까?

* 부부간에, 또는 이웃집과 심한 말다툼을 하지는 않았습니까?

* 시댁과 잘 지냅니까?

* 큰 근심거리가 있습니까?

2. "착한 일을 하면 어진 아기가 태어난다"는 영조대왕의 선행태교

토라에는 범죄자의 뇌는 이미 엄마 뱃속에서 만들어진다는 말이 있습니다.

"악인은 모태에서부터 멀어졌음이여 나면서부터 곁길로 나아가 거짓을 말하는도다"(시 58:3)

조선시대 영조는 손자녀 교육에 심혈을 쏟았습니다. 그가 15세 손자(정조)에게 태교 법을 묻자 정조가 "임신 중에 착한 일을 하면 그 아들이 나서 저절로 어진 사람이 됩니다."라고 답했다고 합니다. 열다섯 살 왕세자가 선행을 태교의 기본 가르침이라고 이해했습니다.

* 임신을 준비하거나 임신하신 분들은 이영희 지음, '태교는 유대부모처럼 토라태교'(두란노. 2015)와 '유대인 부모의 임신 출산'(2016. 숨북스)를 읽으시면 도움이 됩니다.

20. 생후 1~12개월

♥ **1개월 빛, 바람, 공기**

아기 관찰하기

1) 먹고 자고 대소변을 하나요?

2) 소리 나는 쪽으로 고개를 돌리나요?

3) 웃나요?

1개월 아기를 둔 부모의 카운슬러가 된다면 무엇을 꼭 가르치고 싶습니까?

신생아기는 하루에 거의 20시간을 잡니다. 그러므로 중요한 것이 요와 이불입니다. 새것 보다는 부모님이나 형제들이

쓰던 것이 좋습니다. 천이 느슨해져 있어서 부드럽고 냄새는 가족의 연대감을 형성합니다. 1개월이면 아기의 저항력을 길러주기 위해 매주일 교회 나들이를 하십시오. 요람의 시기가 중요한 것은 하나님께서 부여하신 본능을 탐색하는 중요한 시기이기 때문입니다. 방안 공기가 탁하지 않게 자연의 바람으로 환기를 잘 시키는 것이 필요합니다. 아기가 자다가 놀란 듯이 몸을 움찔합니다. 수건이나 천으로 몸을 싸주는 것이 좋습니다.

아기 예수님은 '강보로 싸서' 우묵한 구유에 뉘였다고 합니다. 목욕시킬 때 아기가 놀라지 않도록 몸을 수건으로 묶고 머리부터 살살 씻겨 주세요.

아이와 함께 하는 시간

1) 아기의 목 근육이 발달하도록 엎였다 뉘였다 하여 위치를 자주 바꿔 주십시오. 아기를 엎어놓고 머리 위에서 소리 나는 장난감을 흔들어 주세요.

보충 학습

배냇 옷[3]

　태어나서 포대기에 싸였던 아기가 7일 되는 날에 입히는 옷을 배냇옷이라고 하는데 '깃을 달지 않은 저고리'라는 뜻에서 '깃저고리'라고도 합니다. 큼직하게 지어서 손을 덮고 보온, 위생, 활동, 혈액순환이 잘되게 지은 옷입니다. 옛날에는 아기가 태어나길 기다리는 동안 어머니가 손수 바느질해서 만들었다고 합니다. 옷에는 단추를 달지 않고 실이나 끈으로 가슴을 한 바퀴 동여맬 수 있게 만듭니다. 아기가 오래 살기를 바라는 마음에서 실로 만든 옷고름을 달았답니다. 배내옷은 태어나서 처음 입는 옷이기 때문에 영험한 힘이 있다고 믿어서 어른이 된 후 중요한 시험을 치를 때 배내옷을 가슴에 품고

---

3) 이이화, 『이이화 할아버지가 들려주는 관혼상제 이야기』, 42~46쪽. 파랑새, 2012.

갔다고 하는데 아기 때 어머니 품에서 느낀 심리적 안정감이 시험의 긴장감을 해소할 수 있었을 것 같습니다.

두이레

아기가 태어난 지 14일째 되는 날인 두이레가 되면 배냇옷을 벗고 깃 달린 한 벌의 옷으로 입히고 나머지 팔 하나도 풀어 주어 두 손을 자유롭게 해 주었답니다. 아기는 태어난 지 세이레(21일)가 되어야 아래위 각 한 벌로 된 옷을 맞추어 입혔답니다.

아버지의 역할

아이가 태어나면 아버지는 벼처럼 졸망졸망 자식을 많이 낳으라는 뜻에서 깨끗한 볏짚을 꼬아 금줄을 만들었답니다. 금줄은 지푸라기가 삐죽삐죽 튀어나오도록 거칠게 꼬았는데 아이가 매끈하고 깔끔한 환경보다 거칠고 투박한 환경에서 자라야 성질이 까다롭지 않고 무던하게 잘 자란다고 믿었기 때문이랍니다.

금줄을 걷고 아기 이름을 지어 주는 날

21일이 되면 대문 앞에 걸어 두었던 금줄을 걷고 아기는 친척과 이웃들에게 보이고 밥알 몇 톨을 미역국에 적셔서 먹이고 아기 어머니도 일상생활로 돌아왔답니다. 이날 아기가 사람의 옷을 입고 사람의 주식을 먹고 이름을 받게 되는 아주 중요한 날이랍니다. 하지만 아기에게는 아명(兒名)을 주었습니다. 도깨비가 지나가다가 시시한 이름을 가진 아기는 하찮게 생각해서 해꼬지를 안 한다고 믿었답니다. 아기가 건강하게 오래 살기를 바라는 선조들의 간절한 마음을 엿볼 수 있습니다.

성경에는 어떤 문화가 있었나요?

하나님의 명령을 따르는 성경시대의 사람들은 아기가 태어난 지 8일되는 날 이웃, 친척을 초대해서 할례 예배를 드리고 아기는 모인 친척들에게 둘러싸여서 축복 기도를 받습니다. 이날, 아기는 율법을 수놓은 강보에 싸여서 회중 앞에 나옵니다. 할례 예배를 마치면 하나님께 아기의 이름을 부르는 이름 선포식을 합니다. 30일이 되면 하나님께 드릴 선물을 가지고 회중 예배에 참석해서 봉헌식을 하고 남아의 경우 40일, 여아 출산의 경우는 80일 될 때 산모가 몸을 회복하는 정결예배를 드렸습니다(레 12:1~8 참고).

백일 – 입에 반창고를 붙이고 손발을 묶고 한나절만 생활해
　　　보십시오.

한 살 – 두 무릎을 꼭 붙이고 계단 오르내리기를 해 보세요.

두 살 – 양 손가락을 테이프로 붙이고 생활해보세요. 그 손으
　　　로 숟가락이나 젓가락을 쥐고 음식을 먹는다면 어떤
　　　일이 벌어질까요?

세 살 – 의사소통이 안 되는 외국인과 산다고 가정해 보십시
　　　오.

　훌륭한 자녀를 만드는 데는 3대가 걸립니다. 아브라함이 이
삭을 만드는데 100년 걸렸습니다. 예수님이 오시는 데는 4천
년도 더 걸리셨습니다.

♥ 2개월 옹알이

아기 관찰하기

1) "안돼" 하고 고개를 저으면 행동을 중지하나요?

2) 손을 가슴 위로 가져갑니까?

3) 손을 쥐었다 폈다 하나요?

4) 옹알이를 하나요?

5) 아기가 목을 돌리고 들어 올리나요?

1~2개월 아기를 둔 부모의 카운슬러가 된다면 무엇을 꼭 가르치고 싶습니까? (조심해야 할 점)

아기가 2개월쯤 되면 '어부 바바바' 옹알대기 시작합니다. 옹알이를 통해서 입과 혀, 턱관절이 발달합니다. 이때 곁에서 반응해주면 아기는 언어가 빠르게 발달합니다. 옹알이가 시작 되었다는 것은 지적 발달의 시작을 말합니다(6개월이 되어야 간단한 말의 뜻을 이해하기 시작합니다). 사람의 얼굴을 보면 웃는데 이 신비로운 웃음의 비밀 은 하나님이 아십니다. 시각 체험을 위해 거울을 보여주는 시기는 8~9주가 좋습니다. 아기가 거울에 흥미를 갖는 것은 시각이 발달했다는 증거입니다. 아기는 제일 처음에 어떤 색을 인지할까요? 엄마 품에서 젖을 먹는 아기는 엄마의 눈동자에서 검정과 흰색을 인지합니다. 부모의 얼굴을 아기의 30cm 간격에서 자주 보여 주십시오.

아이와 함께 하는 시간

1) 아기를 매일 몇 차례씩 적당히 엎드려 놓으면 척추 신경의 세포를 자극해서 머리를 들 수 있는 능력이 촉구됩니다.

2) 아기를 엎어놓고 엉덩이를 가볍게 좌우로 흔들어주세요. 귓속의 평형감각이 자극되어 공간을 익히고 돌아눕는 감각을 익힙니다(김수연, 아기 발달 백과 참고).

3) 예방 접종의 중요한 시기입니다. 어떤 검진을 받아야 하는지 아십니까?(이 책 23쪽 참고)

♥ **3개월 도리도리 잼잼. 끄떡 끄덕 잼잼**

아기 관찰하기

1) 아기가 손을 입으로 가져가서 빠는 동작을 하나요?

2) 듣는 것과 보는 것이 동시에 일어납니까?

3) 손에 쥔 것을 떨어뜨리지 않고 쥐고 흔드나요?

4) 혼자서 몸 뒤짚기를 하나요?

5) 딸랑이를 손에 쥐어 주면 흔드나요?

　3개월 아기를 둔 부모의 카운슬러가 된다면 무엇을 꼭 가르치고 싶습니까?

　아기는 눈으로 자신의 손을 발견하고 있습니다. 손을 바라보고 입으로 가지고 가서 빠는 것을 동시에 합니다. 시각과

청각의 협응이 가능해진 것입니다. 사람이라는 인식이 필요한 시기입니다. 사람의 얼굴을 그린 모빌이 필요합니다. 모빌은 아기가 누워 있는 좌우편에 걸어두십시오. 아기가 방안을 한번 훑어볼 때 그의 두뇌는 어떤 일을 할까요? 내이와 눈의 근육과 목의 근육을 통합시키기 위해 바쁘게 활동을 합니다. 이것은 지적 발달을 돕는 읽기의 초석이 됩니다.

아이와 함께 하는 시간

1) 자연광이 아기의 양쪽 눈을 골고루 자극 하도록 밝은 쪽으로 위치를 수시로 바꾸어 주세요. 형광등 아래서 재우면 근시가 될 수 있습니다.

2) 재울 때는 영아부 찬송곡의 '자장가' 왈츠 곡을 불러 주십니까? 먼 곳의 경치를 보여 주십시오. 절대 음감의 메트로놈이나 시계소리를 들려주십시오. 절대 음감은 이미 3세에 결정됩니다. 기본접종, 소아마비 DPT(2개월 이내)

♥ 100일 축복예배

"아기가 백일 되었어요. 축복해 주세요"

아기 관찰하기

1) 우리 아기가 소리 나는 쪽으로 고개를 돌립니다!

2) 눈에 보이면 손을 뻗어 잡으려고 해요!

3) 두 손을 앞으로 모으고 손을 어깨까지 들어 올립니다!

4) 아기가 목을 가눕니까?

　백일 아기를 둔 부모의 카운슬러가 된다면 무엇을 꼭 가르치고 싶습니까?

1) 흰떡을 나누며 100명의 축복을 받게 해주십시오.

　아기가 아직은 척추, 엉덩이, 허리 운동신경이 미숙합니다. 백일파티에 아기를 오래 앉혀두지 않도록 하세요.

2) 축복 카드 만들기

　아기를 소개하십시오.

　이름은 ○○○입니다(남, 여)

　신장 ○○cm, 체중 ○○kg

　아빠와 엄마 이름을 말해주세요 ,

　"우리 부부는 이 아이가 하나님과 민족과 가족과 그 자신을 위해서 배움에 정진하며 건강하고 신실하며 현명하게 자라기를 기도합니다. 100일이 된 우리 부부의 아기에게 축복해주십시오."

　축복의 글을 받기 위한 카드를 나누어 주셨습니까?

우리나라의 백일풍습[4]

아기가 백일이 되면 고비를 넘겼다고 해서 처음으로 빛깔 있는 옷을 입혀서 사람들에게 선을 보였답니다. 이날 외할머니는 포대기와 수저, 밥그릇을, 친척들은 돈, 쌀, 흰 실, 국수를 들고 찾아와서 축하인사를 건넸는데 아기가 건강하고 오래 살기를 바라는 뜻에서 랍니다. 이날 아기는 한 숟가락 정도의 미역국물을 먹을 수 있게 됩니다.

배냇 머리털을 깎는 날

백일이 되면 고모가 아기의 배냇 머리털을 깎아 주었답니다. 고모가 깎아 주면 머리숱이 많고 검어진다나요.

백일 떡

백 집이 나눠 먹어야 아기의 명이 늘어난다고 해서 백사람에게 떡을 돌리고 백 조각의 헝겊으로 옷을 만들어 입히기도 했답니다.

---

4) 이이화, 『이이화 할아버지가 들려주는 관혼상제 이야기』, .p.42-43. 파랑새, 2012

* 성경에는 아기의 100일에 특별한 의미를 두지는 않습니다. 다만 하나님은 사람을 '석달 열흘(=100일)' 감찰하십니다(대하 36:9). 하나님은 노아가 600세(100년×6) 되던 2월 17일에 세상을 심판하셨습니다(창 8:6). "노아가 육백세 되던 해 둘째 달 곧 그달 열이렛날이라. 그날에"

우리 선조들은 젖 먹일 때는 젖을 조금 짜버린 후 아기에게 물리고, 아기가 울고 난 뒤에는 곧장 젖을 먹이지 않았다고 합니다. 젖을 먹일 때에는 아기를 웃기지 말고 등과 배를 쓰다듬어주십시오.

아기의 손톱은 언제 만들어졌는지 아세요? 손톱은 태아 9주가 되면 만들어집니다.

미국의 아동 심리학자이자 소아과의사인 게젤(Arnold L. Gesell)은 어린이의 행동발달의 4가지 영역인 운동기능, 적응행동, 언어발달, 사회적 발달에는 유전(본능)적인 틀이 있다고 하였습니다. 그렇다면 우리는 부모나 교과서가 아니라 스스로 자라려는 아기의 천성에 있는 이 본능의 힘을 발달시켜야 합니다. 발달의 본능을 아기에게 부여하신 창조주에게 부모는 귀를 기울이고 아기의 행동발달과 개인적인 특성에 맞춰서 양육해야겠습니다.

아기 관찰하기

1) 목을 제대로 가누고 머리를 들어 올리나요? (목근육)

2) 양손으로 물건을 옮겨 잡나요? (공간지각)

3) 두리 번 거리나요? (시각발달)

4) 자신의 손을 응시하나요? (눈과 손의 협응)

5) 소리가 나는 쪽으로 눈을 돌리나요? (청각발달)

6) 엄마의 목소리를 알아듣나요? (인지발달)

7) 스스로 몸을 뒤집나요? (신체발달)

4~5개월의 아기를 둔 부모의 카운슬러가 된다면 무엇을 꼭 가르치고 싶습니까?

이 시기에 중요한 발달 중에 하나는 아기가 두 손을 앞으로 모으려는 행동입니다. 손을 쓰는 능력이 발달해서 '기도 손' 하면 몸의 한가운데로 두 손을 가져갑니다. 아기는 누가 가르쳐 주지 않는데도 몸의 협응이 단계적이며 조직적인 질서를 가지고 있습니다. 아기는 하나님이 부여하신 본능의 힘에 의해 성장하고 있음을 알 수 있습니다.

4개월이면 아기가 고개를 들고 위를 보다가 몸을 뒤집고 엎드려 있다가 반듯하게 뒤집습니다. 아기는 재미있는지 뒤집기를 즐깁니다. 엎드려 있을 때에는 머리를 든 자세를 오래 유지합니다. 팔의 근육이 탄탄해진 것입니다. 아기의 눈에는 놀라운 집중력이 있습니다. 작은 것을 가만히 들여다 봅니다. 아기가 움직이며 돌아다니기 시작합니다.

아이와 함께 하는 시간

신체의 오른편, 왼편의 통합 발달을 위해 양손 손뼉치기, 두 손 모으기를 많이 해 주세요(기도 손). 낮에는 엎드려서 기어 다니게 하십시오.

♥ 6~7개월 낯가림

아기관찰하기

1) 아기가 눈을 깜박이나요?

2) 아기가 혼자서도 잘 놉니까?

3) 낯가림을 하나요?

4) 일주일에 한번 만나는 교회 선생님을 인식하나요?

5) 기대고 앉거나 배로 밀며 기어 다닙니까?

6~7개월 아기를 둔 부모의 카운슬러가 된다면 무엇을 꼭 가르치고 싶습니까?

가족이 다가가면 좋아하고 가족 이외의 사람이 다가가면 고개를 확 돌리거나 울면 기억이 시작되었다는 뜻입니다. 특히 어머니에 대한 기억이 시작됩니다. 사람을 보면 흥미 있어 하는 것은 사회성 발달의 시작을 알립니다. 교사가 결석하는 경우 합반은 무의미합니다. 4개월까지는 거의 눈을 깜빡이지 못하는데 6개월이 되면 눈앞에 뭔가를 가져오면 눈을 깜빡입니다. 그것은 소근육 신경이 발달하고 있다는 증거입니다. 이 무렵 엄마의 새로운 발견은 "우리 아기가 혼자 앉아서 놀고 있어요!" 입니다.

아이와 함께 하는 시간

1) 큰 아이들 곁에 앉혀서 놀게 하세요.
2) 찬송할 때는 '짝짜꿍 짝짜꿍' 하면서 손뼉을 쳐주세요.
3) 아기는 예배 분위기를 탐색합니다. 예배모델이 필요합니다.
4) 실내에서는 활동하기 쉽게 얇은 옷을 입히세요. 영아부에 아기옷걸이가 있습니까?

♥ 8~9개월 나에게도 생각이 있어요!

아기 관찰하기

1) 장난감을 떨어뜨린 후 보이지 않으면 찾나요?

2) 젖 먹기를 기다리다가 늦으면 우나요?

3) 어른들을 즐겁게 하려고 재롱을 떨고 어른들이 놀라거나 웃는 것을 보고 좋아하나요?

　7~8개월 아기를 둔 부모의 카운슬러가 된다면 무엇을 꼭 가르치고 싶습니까?

　관찰 1)~3)에 반응을 나타내면 기억력과 공간 지각이 통합된 것입니다. 아기에게 기억이 나타나는 것은 마음의 작용이 과거와 연결되기 시작했음을 말해줍니다.

8개월부터는 움직이는 물체를 무척 좋아 하는데 이것은 사물 지각과 운동지각을 발달시키는 요소들입니다. 어른들과 또래의 아기들을 만나면 흥미로워합니다. 어머니는 부지런히 영아부에 출석하세요.

아이와 함께 하는 시간

1) 아기가 배로 기어 다닐 수 있도록 바닥에 카펫을 깔아 주십시오. 보행기가 있으면 타고 다니도록 하세요.
2) 오늘 간식으로 이유식을 먹였습니까?

♥ 10~11개월 아기가 일어섰어요. 엄마는 힘들어!

아기관찰하기

1) 목소리를 기억하나요?

2) 목과 허리를 꼿꼿이 세우고 앉고 잡고 일어서나요?

3) 두 손으로 손뼉을 치나요?

4) 앞니가 나오고 있나요?

5) 발을 들어 올리고 차고 밀어내나요?

　　10~11개월 아기를 둔 부모의 카운슬러가 된다면 무엇을 꼭 가르치고 싶습니까?

　　아기가 사람 구실을 하려면 생후 10개월은 되어야 합니다.

이 시기는 작은 소리도 식별하고 소리의 높낮이, 음색들을 구분합니다. 행동을 저지하면 소리를 지르곤 해서 어른들을 난감하게 합니다.

아기는 어른들을 자기 위주로 다루는 기술을 터득하고 있습니다. 이가 이미 두서너 개 나온 아이도 있습니다. 잇몸이 간지러워서 무엇이나 입에 넣고 씹습니다. 씹는 운동은 두뇌발달을 활발하게 해줍니다. 치아가 난다는 것은 두뇌발달의 중요한 시기입니다. 거침없이 기어 다니며 일어서려고 합니다. 자신의 주위를 둘러싸고 있는 바닥과 공간을 인식하는 큰 변화가 온 것입니다. 남의 물건을 빼앗으려 하며 주지 않으려고 사정없이 난폭하게 행동 합니다.

아이와 함께 하는 시간

중요한 물건들은 치워두세요. 마른 오징어 다리를 입에 넣어 주어서 삼키지 않을 정도로 오래 씹게 해주십시오.

눈이나 얼굴을 가리고 '깍꿍 놀이'를 해보세요.

언어에 리듬을 넣어 들려주십시오.

♥ 12개월 첫돌 아기가 혼자 일어서요!

아기 관찰하기

1) 혼자서 서서 걸음마를 몇 걸음 하나요?

2) 엄지와 검지 손가락으로 삶은 콩을 집나요?

3) 쉽고 간단한 말을 알아듣나요?

첫 돌 아기를 둔 부모의 카운슬러가 된다면 무엇을 꼭 가르치고 싶습니까?

아기가 목 근육 세우기, 손가락 폈다 오므렸다 하기, 쥐기, 들기, 만지기, 기기, 걷기, 서기까지 감각을 통합하는 훈련을 무사히 해냈습니다. 12개월이 되면 컵으로 먹 도록 하고 젖병이나 컵은 던지지 말고 두 손으로 공손히 건네주는 습관을 훈련해야 합니다. 외출할 때는 아기의 발목을 고정시킨 신을 신겨서 걷게 하십시오.

1) 첫돌 초청카드를 만들어 보세요.

하나님의 사랑과 여러분의 은혜로 우리 아기가 첫돌을 맞이했어요!

"우리 부부는 이 아이가 하나님과 민족과 가족과 그 자신을 위해서 배움에 정진하며 건강하고 신실하며 현명하게 자라기를 기도하고 있습니다."

2) 첫돌 맞은 아기에게 365명의 축복을 받게 해주십시오.

돌떡을 이웃과 나누셨습니까? 돌 예배 순서지와 카드를 준비하셨습니까?

3) 돌 예배 장소

결혼 잔치처럼 돌 예배를 교회에서 하면 친척들과 손님들이 교회에 참석할 기회가 됩니다. 이날 유아세례를 받으면 좋겠습니다. 음식파티는 교회식당이 좋습니다.

4) 돌 예배 준비

① 아기에게 입힐 색동옷 한 벌

② 부모는 돌 한 달 전부터 하루에 한 장씩 잠언 읽기

③ 축복의 덕담을 받을 카드 준비하기

④ 하객에게 보여줄 아기 사진이나 동영상

⑤ 1년 동안 지켜주신 은혜에 대한 감사의 마음을 가난한 이웃과 나누기 위해서 아기 이름으로 구제기관에 보낼 구제금 준비하기, 또는 교회 뜰이나 공원에 기념 나무 기증

5) 돌 예배순서

찬송 564장, 563장 후렴.

말씀 : 눅 2:40, 시 71:5, 시 121,128편

목사님의 축복기도 / 토라의 길에서, 결혼에서, 선한 행위에서, 이 아이가 하나님의 인도를 받게 하소서.

부모의 선서

　이 아이가 하나님께, 민족과 사회를 위해, 아이 자신이 독립된 인생을 살아갈 수 있을 때 까지 우리 부부는 주의 교양과 훈계로 양육하겠습니다.

카드에 덕담쓰기

음식을 먹으며 축하객들은 축하의 말을 카드에 적습니다.

카드는 미리 걸어둔 줄에 집게로 집어서 진열하십시오. 모두들 읽어보게 하십시오.

6) 이벤트

돌잡이 말씀집기

폭이 좁고 긴 모양의 바구니를 아름답게 장식하고 그 안에 색깔 있는 막대기를 가득 담아둡니다. 막대기마다 하나님 말씀을 적은 쪽지를 단단히 붙여둡니다. 아기가 막대기를 선택합니다. 어떤 말씀을 뽑았는지를 기뻐하며 읽어줍니다. 그리고 바구니의 말씀을 다발째 선물합니다.

아기가 이름을 아는지 확인하는 놀이

약 1m 정도 떨어진 곳에서 아기 이름을 작은 소리로 불러보세요. 아이가 자신의 이름을 부를 때에만 고개를 돌리는지, 아니면 항상 돌리는지 관찰하세요. 생후4개월~8개월이 되면 아기가 자신의 이름을 인식합니다.

어머니의 시낭송

오, 우리 아가 (이름)
아기는 나의 소유가 아닙니다.
아기는 그 자신의 인생이 있으며 그로서 살기를 동경하지요.
아기는 우리 부부를 통해 세상에 나왔지만
우리에게서 나온 것이 아닙니다.
우리는 우리의 사랑을 아기에게 줄 수 있습니다.
하지만 그렇다고 우리에게 속한 것이 아닙니다.
아기는 그 자신의 생각을 가지고 있습니다.
우리의 생각이 아닌.
우리는 아기에게 몸이라는 영혼의 집을 줄 수는 있습니다.
하지만 아기의 영혼은 우리 부부가 꿈속에서라도
방문할 수 없는 아기의 내일의 장소에 거하게 될 것입니다.
우리는 아기를 애가 타게 좋아 할 수 있습니다.
하지만 아기를 나처럼 만들려고 해서는 안 될 것입니다.

* 이 노래 시는 Lyrics by Khalil Gibran, Music by Ysaye
  M. Barnwell 의 것을 번역했습니다.

7) 음식잔치

검정콩이 박힌 찰떡은 우리의 죄를, 수수팥떡, 대추는 예수님의 보혈을, 백설기, 쌀, 국수는 믿음으로 순결하게 된 것을, 노랑색 참외는 하나님 나라를, 촘촘히 잘 진열된 참외씨들은 그분의 백성을 생각나게 합니다.

커다란 수박

하나님이 세상을 이처럼 둥글게 지으셨습니다. 이 수박줄기가 넝쿨에 붙어있었듯이 우리는 하나님께 붙어있었습니다. 그런데 수박의 꼭지가 떨어진 것처럼 우리는 하나님에게서 떨어지고 말았습니다. 수박 속을 볼까요? 검정 수박씨! 사람들의 죄도 셀 수 없이 많아요. 수박의 붉은색! 예수님의 보혈이 우리 죄를 다 덮어 주셨습니다. 수박 껍질의 흰 속살! 예수님 보혈로 우리는 이 수박의 흰 속살처럼 희게 됩니다.

8) 12개월된 우리 아기, 체중과 신장 재기

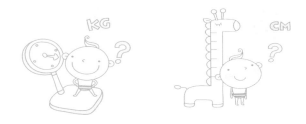

우리나라의 첫 돌 전통[5]

'돌'은 아기가 1년 24절기를 한 바퀴 다 돌았다는 뜻에서 나온 말입니다. 이날은 아기에게 화려한 옷을 입히고 돌띠를 돌려 매줍니다. 옷에는 복과 장수를 기원하는 모란이나 국화를 새긴 돌 주머니를 매 달았습니다.

돌떡 / 떡을 받은 이웃은 비운 접시에 흰 실이나 반지, 옷 등의 선물을 담아서 되돌려 보내는데 아이가 성장하면 혼인 밑천으로 삼기도 했답니다.

돌상 / 둥근 상을 사용하여 아기가 모서리에 부딪칠 염려가 없도록 했고 음식은 소박한 그릇에 가득 담았답니다.

무명 / 무명 한 필을 접어서 놓고 그 위에 돌빔 옷을 입은 아기를 앉혀서 상을 받도록 해요. 이때 사용한 무명은 나중에 커서 그 아기가 쓰도록 했지요.

---

5) 오재미, 『돌잔치에서 제사까지 관혼상제』(서울:알에이치코리아, 2011), pp. 92~99.

돌잡이 / 돌잡이 물건들은 장수와 자손 번영, 부귀만을 기원하는 것이 아니라 사람됨도 깊이 생각한 것입니다.

그릇과 수저 / 부모는 아기에게 밥그릇과 국그릇, 수저를 선물합니다. 돌을 맞은 아기가 앞으로 먹고 살아갈 일을 준비해 준다는 뜻깊은 선물이에요.

돌상차림 / 돌상에는 백설기, 수수팥떡, 대추, 과일, 쌀, 국수 등을 올립니다. 백설기는 깨끗하고 순수한 정신을, 쌀은 식복이 있으라는 뜻에서 고봉으로 담고 대추와 각색 과일은 열매를 맺듯이 자손이 번성하라는 뜻에서, 수수팥떡은 액운을 면하라는 뜻이었답니다.

21. 2세(13~24개월)

♥ 12~17개월

아기 관찰하기

1) 이름을 부르면 쳐다보나요?

2) 보행을 시작했나요?

3) 몇 가지 말을 하나요?

4) 가족이나 친지 중 누구를 좋아 하나요?

5) 사람을 보면 반가워하고 인사를 하나요?

　12~17개월 아기를 둔 부모의 카운슬러가 된다면 무엇을 꼭 가르치고 싶습니까?

15개월이 되면 텔레비전, 스마트 폰조작에 흥미를 갖고 손으로 만지고 입으로 가져갑니다. 15개월이면 고개를 숙여서 인사를 할 줄도 압니다. 이름을 부르면 돌아볼 줄 알고 아는 사람을 반기고 계속 옆에 있어 달라며 응석을 부립니다. 걷기 시작했다는 것은 이제 자기 스스로 해 보려는 욕구가 나타난다는 뜻이기도 합니다. 요구하는 대로 받아 주거나 재롱으로 알고 묵인하면 완고한 성격이 될 수 있습니다.

아이와 함께 하는 시간

1) 숨바꼭질을 해 보세요(찾기, 기억인지).
2) 물건을 꺼냈다, 담았다 반복하는 놀이는 양과, 부피에 대한 인지학습이 됩니다만 남의 물건을 허락 없이 꺼내는 것을 묵인하지 마십시오. "이 가방은 누구거예요? 엄마가 아기의 가방을 열어봐도 좋은가요?"라고 아기에게 묻고 어떻게 반응하는지 살펴보세요. 아기 방에 들어갈 때 "똑똑, 방에 들어가도 되나요?"라고 노크하세요. 행동을 지시해주세요. 예) "문 닫으세요" "성경책을 가지고 오세요.""방석이 어디 있나요?"

♥ 18-24개월

아기 관찰하기

1) 물건을 끌고 다니고 옮길 줄 아나요? (대근육)

2) 담았다, 쏟았다를 반복하나요? (팔과 손 근육 통합)

3) 진흙, 점토, 밀가루 반죽을 좋아하나요? (섬세한 감각)

4) 흉내 내기를 좋아하나요? (모방)

18~24개월 아기를 둔 부모의 카운슬러가 된다면 무엇을 꼭 가르치고 싶습니까?

아기는 집을 온통 늘어놓습니다. 잡고 올라가기를 시도합니다. 계단 오르내리기, 소파나 식탁과 의자 밑을 기어 다니기는 운동신경과 감각을 통합합니다. 물건 쌓기, 작은 물건집기 등은 손의 섬세함과 운동신경발달에 좋습니다. "아빠 갔다, 엄마 했다"는 식의 2어문 표현을 하는데 이것은 기억력이 발달하고 사고가 싹이 트고 있음을 말합니다.

아이와 함께 하는 시간

1) 펠트로 만든 홀리북에 하트를 붙였다, 떼었다 하는 놀이, 꼈다, 컸다 하는 손전 등, 태엽이 감기는 기계를 주어서 놀게 하세요. 잡히고 잡는 놀이를 하셨습니까? 집중력은 3-4분 정도입니다.
2) 공 던지기는 공간지각훈련에 도움이 됩니다.
3) 한가지 주제의 성경과 찬송을 반복하여 들려주세요.
4) 어른들과 함께 먹게 하고 식사예절을 가르치십시오.
5) 소근육 발달을 위해 성경의 장절을 손가락으로 꼽는 훈련을 시키십시오.

22. 3세(25~36개월) 내가 할거야

아기 관찰하기

1) 대소변을 가릴 줄 아나요?

2) 간단한 단어나 문장을 암송하나요?

3) 양손과 양발을 따로 움직이나요?

3) 헌금을 운반하는 봉사에 참여하나요?

4) 방석을 있던 자리에 두나요?

3세아를 둔 부모의 카운슬러가 된다면 무엇을 꼭 가르치고 싶습니까? 세 살은 어른들의 말에 '싫어', '안 할거야' 등으로 자신의 주장을 내세운다는 점입니다.

이제부터 순종을 강요하기 전에 아이의 생각을 묻는 습관을 가지십시오. 이 시기는 선과 악의 갈림길에 놓여있습니다. 어른들이 곁에서 도와주면 또래들과 성경을 공부할 수 있습니다. 쉽게 싫증을 느끼므로 자극에 변화를 주거나 수시전환이 필요합니다.

부모와 언어소통이 가능해짐으로 끝없는 질문이 연속됩니다. 양육은 수월한 반면 부모가 맘대로 할 수 없게 되었습니다. 아이가 헌금가운을 입고 헌금송, 헌금위원으로 봉사할 적마다 격려해주세요. 사무엘은 어렸을 때에 세마포 에봇을 입고 "여호와 앞에서" 사람을 섬겼습니다. 즉 섬기는 훈련부터 받았습니다(삼상 2:18).

아이와 함께 하는 시간

흔들리는 놀이, 미끄럼, 그네는 신경계통의 감각통합을 촉진시켜줍니다. 예배에서 봉사할 기회를 주십시오. 여러 사람들 앞에서 발표할 기회를 주십시오. 책을 다룰 줄 아는 나이입니다. 홀리북(펠트 책)에 성경단어를 붙이며 조작하는 놀이를 하십시오.

우리나라 전통에 있는 육아법

1) 아기의 활동이 많아지는 100일부터는 얇은 옷을 입힙니다. 옷을 두껍게 입히면 몸에 땀이 나서 피부가 헐거나 감기에 걸리기 쉽습니다.

2) 아기를 안고 밥을 먹거나 무릎에 누인 채 뜨거운 음식을 먹는 것을 삼가하십시오.

3) 남의 아기가 예쁘다고 지나치게 칭찬하지 말고, 자기 아기가 아무리 예뻐도 자랑하지 말며, 아기 일로 요란한 잔치를 하지 않도록 했어요. 자식을 시새움 속에 내놓지 않고 조심스럽게 키우는 게 아기를 위하는 것이라고 생각한 것입니다.

4) 출산 후 초이레(7일), 두이레(14일), 세이레(21일)가 되면 특별한 감사의식을 치렀어요. 초이레는 아기 포대기를 새것으로 바꿔주고 깃 없는 옷을 입히고 동여맸던 팔을 하나만 풀어 놓았다고 합니다. 이이화, 『이이화 할아버지가 들려주는 관혼상제 이야기』, 파랑새, 2012.

포대기 육아

포대기나 안전띠로 아기를 싸서 안거나 업으면 아기의 감
각계를 자극해서 뇌 발달에 좋고 엄마와 아기와의 애착을 형
성하는데도 좋다고 합니다. 엄마와 아기가 피부를 밀착하면
아이와 엄마의 뇌하수체에서 옥시토신이라는 호르몬이 많이
분비되어 모유량도 많아지고 산후 회복이 빨라질 뿐더러 아
기의 면역력이 높아지기 때문입니다. 서구의 아동학자들은
캥거루 캐어(Kangaroo mother care) 또는 '애착육아(The
Attachment Parenting)'라는 주제로 동양의 육아법에 관심
을 갖고 있습니다.

23. 4세(38~50개월) 우리는 친구

아이 관찰하기

1) 이야기를 듣고 느낀 생각을 말하고 질문을 하나요?

2) 물건을 사용한 후 제자리에 둡니까?

3) 거짓말을 하나요?

4) 긴 문장을 암송하나요?

5) 두개의 끈을 손으로 비벼서 꼬기, 헝겊을 오리거나 붙이기를 하나요?

6) 한발로 서기, 뛰기, 공 던져서 주고받기를 하나요?

　4세아를 둔 부모의 카운슬러가 된다면 무엇을 꼭 가르치고 싶습니까? 네 살은 자율성과 책임감을 배우는 시기입니다.

성경을 들려주고 생각을 유도하는 질문이 창의력을 발달하게 합니다. 친척, 친구집을 방문 했을 때의 예절, 예배의 태도를 훈련 받아야 할 때 입니다. 내 것, 친구의 것, 개인의 자유시간과 공동체 시간을 구분하는 훈련이 필요합니다. 아이가 좋아하는 찬송을 선택하게 해주세요.

부모가 성경 읽는 모습, 기도하는 모습을 보는 것만으로도 아이의 신앙에 유익하며 아기는 미래부모의 역할을 배우는 것입니다. 잠자기 전에 마 22:37~40을 암송하고 잠들게 하세요. 노래로 하는 암송은 좌뇌와 우뇌를 발달시킵니다.

아이와 함께 하는 시간

1) 상대방의 입장에서 생각해 보게 하는 질문을 하십시오. "친구가 네 물건을 허락 없이 만지고 망가뜨리면 네 기분은 어떨까?"
2) 성경책을 한 장, 한 장 조심스럽게 넘기는 훈련을 시키십시오.
   추가접종, 소아마비 DPT(4 – 6세)

37개월 된 하나가 영아부예배 송영인 "믿습니다" 찬미를 외울 수 있게 되었습니다. 아빠 품에 안긴 하나는 "예수님 우리 예배를 받아 주셔요"라는 가사를 응용해서 "예수님 우리 아빠를 사랑해 주세요"라고 창작하여 불렀답니다. 여기에 감명 받은 아빠는 주일이면 부지런히 딸아이를 위해 교회에 나옵니다. 하나가 불신자인 아빠를 믿게 했습니다.

아이 앞에서 냉수도 마시지 못 한다는 말은 다섯 살 형진에게 꼭 맞는 말입니다. 어느 날 생강차를 마시고 있는데 형진이가 다가오더니 "그게 뭐예요?"라고 묻습니다. "어, 이거 생강차!"라고 했더니 입맛을 다시며 "그거 맛있어요?", "맛이 어때요?", "난 커피도 마셔 봤는데 생강차는 못 먹어 봤어요"라며 입을 쩝쩝거립니다.

마셔 보라고 주었더니 "아이참, 어떤 집사님이 여기에다 고추장을 풀었을까요?"라고 합니다. 교회 식당에서 형진이를 또 만났습니다. 국수를 너무 많이 먹기에 걱정이 되어 그만 먹으라고 해도 계속 먹습니다. "많이 먹고 빨리 힘이 세져야 한다"고 말하기에 "힘이 세지면 뭐 하려고 그래?"라고 물었더니 "아무개 형아를 때려주겠다"고 합니다. 교회에 오면 키가 큰 형이 있는데 그 형이 자기만 보면 때린다며 그 형을 때려 주려면 그 형만큼 힘이 세져야 한다는 것입니다. 왜, 형진이는 그런 사실을 부모나 교사에게 말하지 않을까요?

세 살 보라는 주일이면 꼭 엄마 아빠보다 먼저 준비하고 서두릅니다. "아빠! 오늘 교회 가는 날이야, 일어나요"라며 흔들어 깨웁니다. 보라는 "아빠가 회사에 나가지 않는 날이 있는데 그 다음 날은 교회에 간다"는 반복의 주기를 터득한 것입니다.

일주일 중에 하루는 하나님을 예배 하러 교회에 나오면 어린이가 7일이라는 요일의 패턴을 익힐 수 있습니다.

보충 학습

눈

1~3세는 시력이 발달하는 시기인데 이때 덜 성장한 눈 근육이 역할을 못하면 사시증상이 나타납니다. 사시는 성장하며 자리를 잡아가는데 시력이 고정되는 4세 이후에는 눈근육과 눈의 구조를 쉽게 교정되기 어렵습니다. 4세에도 사시가 되면 교정이 필요합니다.

코

유아들은 씻지 않은 손으로 콧구멍을 쑤시고 콧물을 입으로 마시는 경우가 흔합니다. 이때 바이러스에 의해 감기나 호흡기질환에 걸릴 수 있습니다. 감기로 인해 오는 인후 통을 표현하지 못하는 아기는 보채거나 먹지를 않고 코가 막혀 입으로 숨을 쉬는데 이것은 폐로 균이 들어갈 수 있습니다. 손을 항상 깨끗이 씻기고 이때 물로 입을 헹구는 것까지 해야 합니다.

* "아기 콧구멍 씻어주기"는 매일 5분 54일 생활 속 자녀교육 책 78~79 의 "씻기기"를 참고하세요.

유치(幼齒)

대부분 6개월부터 이가 나오기 시작해서 만 3년 되면 유치 20개가 모두 나옵니다.

6~10개월 … 앞 아랫니 두개

8~12개월 … 위 앞니 두개

10~16개월 … 위아래 옆 앞니 두개

13~19개월 … 위아래 작은 어금니

16~23개월 … 위 아래 송곳니

23~33개월 … 위 아래 큰 어금니

7~8세쯤에 위아래 앞니가 영구치로 교환되고 11~14세쯤 에는 유치가 거의 다 빠지고 영구치가 자리를 잡습니다.

왜, 우리의 창조주는 앞 아랫니가 먼저 나오고 위 앞니가 나중에 나오는 순서로 설계하셨을까요? 왜 두 개씩 나 오도록 하셨을까요?

어린이가 좋아하는 놀이 도구를 분석한 놀이 연구가 보트 (Bott)는 2-4세 어린이들은 블록, 퍼즐처럼 구조화된 놀이감 보다 찰흙, 모래, 적목 등의 비(非)구조화된 놀이감을 많이 사 용한다고 합니다. 아이들에게는 자연이 놀이터입니다.

"바로와 신하들이 홍해에 빠져서 '살려주세요!' 라고 부르짖었지만 그들에게 기적은 일어나지 않았어. '우리가 우리보다 큰 힘에 도전하고 있었구나. 우리가 우리보다 강한 자를 상대하고 있었구나.' 라는 사실을 깨달았을 때는 이미 늦었거든. 반면에, 우리가 구원 받았다고 방심하면 안 돼. 바로는 끝까지 추격했지? 이스라엘 백성이 바로의 압제에서 벗어나야하는 목적은 여호와를 경외하기 위해서였듯이 구원받은 우리는 여호와를 경외하며 그분의 빛 안에서 살자."

4장

우리 아기 천재성!
성경으로 검증하기

하나님께서 사람에게만 "영화와 존귀로 관을 씌우셨다"(시 8:5)고 성경이 기록하고 있습니다. 모든 피조물 가운데 인간만이 홀로 독특한 위치를 차지하고 있다는 것이 성경의 인간관입니다(고전 7:7 참고). 시편 기자는 사람을 "하나님보다 조금 못하게 하시고"(시 8:5, 개역한글)라고 했습니다.

"땅에 충만 하라, 땅을 정복하라, 바다의 물고기와 하늘의 새와 땅에 움직이는 모든 생물을 다스리라 하시니라"(창 1:28 요약)

24. 제 아기가 하나님을 닮았다고요?

아기가 태어나면 어른들의 첫 번째 관심이 아기의 건강상태와 누구를 닮았을까? 라는 호기심입니다.

인간은 하나님의 모양대로 "하나님이 보시기에 심히 좋게"(창 1:31) 지어져서 가장 아름답고 선하고 거룩한 존재라는 것이(전 7:29, 골 3:10, 엡 4:24 참고) 창조의 본성입니다. 인간만이 하나님의 생기를 받은 영적존재가 되었습니다. 그러므로 하나님의 형상을 닮은 영적 존재인 아기도 하나님과 관계를 맺으며 서로 연결되어 사는 것이 당연합니다. 하나님의 의와 자비, 지혜와 거룩, 그리고 생명의 본성을 타고난 사람은 하나님과 연결될 때에만이 올바르게 성장하고 만물을 다스릴 수 있습니다.

영아들은 전지, 전능, 창조, 거룩, 사랑 등의 하나님의 형상을 따라서 전인적으로 발달해야 합니다. 영아에게 신앙교육이 중요한 이유가 이것입니다. 아기는 영적으로 하나님과 연결되어 성장하고 발달할 때 탁월해집니다. 아기들의 가능성은 무한합니다. 영아부 예배와 교육이 그래서 필요합니다.

미래학자들은 21세기를 영성(spirituality)시대라고 말합니다. 머독(I.Murdoch), 레빗(G.Levit)같은 교육학자들은 영혼

양육(naturing soul)을 학교 교육에 가지고 오자는 주장을 하는데 이것은 인간의 영적 회복을 인간성 회복의 희망으로 인식하기 때문입니다.

아이와 함께 하는 시간

1) 성경책을 쓰다듬어보세요, 성경책을 가슴에 안아보세요. 성경책에 볼을 대어보세요.
2) 다음의 챈트를 반복해서 들려주십시오.
   성경은 하나님의 말씀
   난 들을 수 있어요
   난 말할 수 있어요
   난 읽을 수 있어요
   나는 성경의 말씀을 좋아해요

25. 창의와 자유의지, 책임

인간은 유일한 존재에서 비롯되어 개별적으로 독립적이면서 다양성을 지닌 독특한 존재로 발전해 왔습니다. 이것은 하나님이 인간에게 주신 가장 소중한 선물인 창조성과 자유의지가 있기 때문입니다. 우리는 어린아이에게서 창의적이고 자유로운 모습을 봅니다. 그런데 이 둘은 규범을 필요로 합니다. 자유에는 책임이 수반됩니다.

창세기 2장을 다시 읽어보십시오. 하나님이 아담과 하와를 양육하실 적에 선악과를 두시고 자유의지를 절제하는 훈련을 하셨고 그 행동에 책임을 져야 했듯이 영아는 하나님의 법 아래서 자유하는 훈련을 통해서만이 인간다워질 수 있습니다. 자식에게 나쁜 짓을 하라고 가르치는 부모가 어디 있겠습니까만 아이들은 죄를 창조해내는 능력이 있습니다.

아기들은 아담이 태어났을 때처럼 세상이 이미 존재해 있었으니 어쩌면 세상은 오직 자기만을 위해 존재한다고 인식할 수 있습니다. 그러므로 하나님이 그분의 존재를 계명에 두시고 아담이 계명을 통해 하나님을 인식하게 하신 이 원리는 아기들에게도 적용되어야 합니다. 예수님도 아기 시절에 이 순서를 지키시는 본을 보이셨습니다(눅 2:22,23,24,27,39,42 참고).

아담의 1교시가 계명이었다면 2교시는 사물의 명칭입니다. 모든 생명체에는 암수가 있다는 것 즉 두개의 성(couple)이 존재한다는 것을 배울 차례입니다(창 2:20 참고). 1, 2교시 수업이 책임의식을 가진 건강한 창조자가 되는 선제 조건이기 때문입니다.

아이와 함께 하는 시간

1) 4~5세 아동은 일주일에 한번 끈 매는 운동화를 신겨서 유아원에 보내십시오.

2) 새 로봇을 사주지 않으면 교회 가지 않겠다고 떼를 쓰면 어떻게 해야 할까요?

    a. 교회 나가는 조건으로 요구를 들어주어야 한다.

    b. 엄마는 네가 교회에 나가든 나가지 않든 상관없이 너에게 필요한 것을 사 줄 수 있어, 하지만 로봇을 사줘야 네가 교회 간다면 엄마는 찬성 할 수 없어. 교회 갈 것 인지, 가지 않을 것인지는 네가 선택해라.

  * 인지발달 측면에서는 b입니다. 인성적 관점에서는 a입니다.

26. 잠간동안 하나님보다 조금 못한 존재

사람은 모든 피조물을 다스릴 지배권을 받은 영광스런 존재입니다. 사람의 영예와 지위에 관하여 히브리서는 "모든 천사들은 섬기는 영으로서 구원받을 상속자들을 위하여 섬기라고 보내셨다"(히 1:14 참고)고 했습니다.

여기에 아기도 예외가 아닙니다. 예수께서는 아기들이 천사의 특별한 보호를 받는 존재라고 하셔서 하나님이 아기를 보호 하신다는 강한 열정과 의지를 나타내 보이셨습니다. "삼가 이 작은 자중에 하나라도 업신여기지 말라 너희에게 말하노니 그들의 천사들이 하늘에서 하늘에 계신 내 아버지의 얼굴을 항상 뵈옵느니라"(마 18:10).

시편 기자는 "그를 하나님보다 조금 못하게 하시고"(시 8:5)라고 했는데 이는 어린 아이들과 젖먹이들이 하나님보다 조금 못한 존재로서 오래 머물지 않을 것이라는 설명을 끌어낼 수 있습니다 (히브리서 기자는 이 본문을 예수 그리스도로 묘사하고 '잠시' 라는 조건을 추가했습니다(히 2:9).

예수께서는 "나를 믿는 자는 내가하는 일을 그도 할 것이요 또한 그보다 더 큰일도 하리니"라고 하셔서(요 14:12 요약) 믿는 자녀들의 가능성을 높이 평가하셨습니다.

1) 아이가 가족을 대표해서 반찬의 감사기도를 할 특권
   을 주십시오.
2) 예배는 하나님을 가지는 것입니다. 그러므로 자녀가
   탁월해지는 기회입니다.

* 머리 좋아지는 음식(창 1:29 참고)
   기억력을 좋아지게 하는 보리와 탄수화물, 단백질,
비타민 녹황색 채소, 과일, 우유, 두부, 등 푸른 생선

* 머리 나빠지는 음식
   학습능력을 떨어뜨리는 인스턴트 가공식품, 집중력을
떨어뜨리는 설탕, 철분의 흡수를 방해하는 카페인 청량음
료, 건강한 뇌세포를 망가뜨리는 튀긴 음식과 포화지방.

27. 천국에서 큰 자

예수님은 "누구든지 이 어린 아이와 같이 자기를 낮추는 사람이 천국에서 큰 자니라"(마 18:4)라고 하셨습니다. "이 어린 아이"란 어른이 불렀을 때 공손히 순종하여 온 아이입니다(2절) 예수께서는 어린아이에게 있는 덕목에서 자기를 낮추는 겸손을 높이 평가하시고 이것이 천국시민의 맴버쉽이라고 하셨습니다.

그렇다면 유아세례는 천국의 보증수표인가요? 아닙니다. 영아는 세례를 통해서 하나님의 언약 안에 있는 그의 축복된 백성의 거룩한 일원이 됩니다만(창 17:8 참고)구원 받아야 할 죄인인 상태에 머물러 있습니다.

교회와 부모는 언약의 공동 보증인이 되어 아이에게 유아세례를 준 것이지 영아의 믿음으로 받은 것이 아니기 때문입니다. 그러므로 자녀가 장성한 후에 이 언약적 책임을 거부하지 않고 믿음으로 겸손히 받을 수 있도록 교회와 부모는 책임성 있게 양육해야 합니다.

자녀의 신앙교육이 늦어질수록 어려움을 겪게 될 것입니다. 세례를 통해서 언약 공동체의 일원이라는 자격을 얻은 영아에게는 지속적인 신앙 교육이 필요합니다(롬 9:6~8 참고). 부모는 자기 자녀가 하나님으로부터 멀어지지 않도록 지켜야 하는데 영아부는 이 중요한 사역의 출발지점입니다. 겸손과 순종은 요즘의 아이들이 훈련받아야 합니다.

아이와 함께 하는 시간

1) "모세아기 예예" 노래로 순종을 실습시켜 주십시오.
2) 교회, 영아부 반 이름, 선생님 이름을 말할 수 있나요? '교회이름 말하기' 놀이를 해보십시오.
3) 나무젓가락 두개로 십자가, 세모, 네모, + x , 〉, 〈 등의 도형 만들기 놀이를 해보세요.
4) 간식 먹는 시간을 정해 놓았습니까?
5) 가족과 이웃에게 공손합니까?

28. 죄성을 타고난 존재

하나님은 씨맺는 채소와 씨가진 열매를 사람의 주식으로 주셨습니다(창 1:29). 그런데 아기들은 왜 씨가진 채소들, 예를 들면 콩, 양파, 파, 시금치들을 싫어할까요? 미각이 덜 발달했지만 하나님의 말씀을 거스리는 본성이 아기들에게 있음을 보여줍니다. 인류는 아담의 범죄에 결속되어있다는 것이 성경의 인간관입니다.

우리는 아기에게서도 그 타락한 본성을 발견할 수 있습니다. 영아도 예외 없이 '원죄의 상속자' 입니다. 인간은 모두 본질상 진노의 자녀(엡 2:3)입니다. 만약 영아들이 무흠하다면 이 세상에 소아과 병동이란 필요 없었을 것입니다(창 8:21, 시 51:5, 시 58:3~4, 사 48:8 참조). 원죄란 도덕적 의식보다 앞선 것입니다(롬 5:14 참고). 노아 시대의 아이들이 구원에 들어가지 못한 이유가 "어려서부터 계획하는 것이 악했기" 때문이라고 하셨습니다(창 8:21 참고).

NIV는 '계획' 이라는 이 단어를 '버릇, 체질, 선천적으로 타고난 성향' 을 뜻하는 'inclination' 이라고 했고, KJV는 상상력, 심상, 마음, 생각을 뜻하는 'imagination' 으로 번역했습니다. 이것이 창 8:21이 내린 악의 정의입니다(마 5:27~28 참고).

아기가 어떻게 해서 주님의 자녀로 거듭날 수 있을까요? 부모는 영아들을 예수 그리스도께 데리고 나와야 합니다. 예수님의 보혈이 원죄를 지우는 지우개입니다.

아이와 함께 하는 시간

1) 동식물의 명칭을 가르칠 때 암소, 숫소, 암양, 숫양으로 두 개의 성, 즉 암수가 있음을 가르치십시오.
2) '거짓말' '욕심' '미움' 이라는 단어를 쓰고 지우개로 지우는 놀이를 해보십시오.
3) 아이와 함께 다음의 챈트를 불러보세요.
   I need Jesus (2회 반복).
   I need Jesus everyday.

29. 탁월한 자녀에게 함정이 있습니다.

성경에는 장남이 지위를 박탈당한 두 경우가 있는데 르우벤과 에서입니다. 두 사람은 남달리 탁월한 재능의 소유자들이었다고 성경이 밝혀줍니다. "르우벤은 위풍이 월등 (excelling)하고 권능이 탁월(excelling)했다"고 합니다(창 49:3).

역시 excelent한 재능인이었습니다. 그의 아버지가 에서의 기술을 사랑할 정도로 우수했습니다(창 25:27). 그런데 부모들은 탁월한 아이들이 도덕성의 실패로 인생에서 처참하게 실패할 수 있다는 경고에 귀를 기울여야 합니다. 르우벤도 비슷한 경우지만 창 25:27, 27:46은 에서가 '플레이 보이'였다는 힌트를 줍니다. 그런데 그는 아마도 늦바람 난 조부 아브라함의 재혼과 첩들과의 스캔들(niv 창 25:6 참고)에 영향을 받은 듯합니다(창 25:1,6 참고). 그의 문란한 생활은 매사에 자신감을 잃고 눈치만 살피게 만들었고 그 탁월한 재능은 흉기가 되고 말았습니다(창 28:8~9). 이런 점 때문에 믿음의 부모들은 경계심을 늦추지 말아야 합니다. 도덕적으로 해이한 사람은 어디에서도 인정받지 못합니다.

1) 빨래를 비틀어 짜서 너는 놀이를 해보세요. 나쁜 기질을 빨래 짜듯 짜서 버리겠다는 결심을 해보세요.

2) 용서한다는 조건을 걸고 '비밀 말하기' 놀이를 해보십시오(3~4세).

3) "밉게 생긴 소녀는 거울을 싫어한다"는 말이 있습니다. 죄인들은 어떤 말을 듣기 싫어할까요?

4) 십계명 두 돌판은 보리와 밀알 모양을 하고 있습니다. 꽁보리밥을 먹으며 십계명 읽어줍시다. *보리에 있는 베타글루컨 효소가 말씀을 기억하는데 도움을 줍니다.

30. 구원의 진리를 빠르게 흡수하는 강력 스펀지

현대는 노인 봉양이나 어린이 교육 등 웬만한 가정의 기능을 국가나 공교육이 맡아서합니다. 길버트 비어스(Gilbert Beers)는 아기들의 놀라운 지적 흡수력을 보고 '스펀지' 같다고 했는데 구원의 진리를 잘 흡수하는 시기의 크리스천 자녀들조차 받아들일 기독교교육이 없는 스펀지(?) 기관에 위탁되어 길러집니다.

코메니우스는 "어린 묘목은 모양을 쉽게 구부릴 수 있지만 큰 나무가 된 후에는 불가능하다, 밀랍은 부드러울 때 모양을 만들 수 있지만 딱딱해지면 부서지듯이, 갓 나온 달걀을 어미 닭이 품으면 빨리 따스해져서 병아리가 되지만 오래된 달걀은 그렇지 못하다"고 했는데 인간의 구원문제도 마찬가지입니다. 그런데 국가나 기관이 할 수 없는 일이 바로 영생으로 인도하는 일입니다. 영아부는 세상이 할 수 없는 교육을 하는 곳입니다. "나중에 두 마디 하는 것보다 미리 한 마디 하는 것이 낫다"는 유대 격언처럼 구원의 소식도 미리 일러주는 것이 낫습니다.

영아들을 실족시키지 않으려면 한가지 뿐입니다. 모든 선한 일을 행하기에 온전케 하는 성경을 통해 주님 앞으로 인도하는 신앙교육이 중요합니다. 성경은 "어려서부터" 구원에 이르는 지혜가 있게 합니다.(딤후 3:17). "이담에 철들면 잘 할거야"라는 말은 틀립니다. 물론 성령의 능력은 나이를 초월하지만 철들면 교정이 더 어렵습니다.

아이와 함께 하는 시간

1) 스펀지가 물을 빨아먹는 놀이를 해보십시오. 깨끗한 물을 흠뻑 빨아들인 스펀지를 구정물에 넣어 보십시오. 더러운 물을 빨아들이지 않는다는 원리가 주는 교훈을 구원의 진리에 적용해서 말씀해 보십시오.

2) 학교나 학원은 지식을 줍니다. 자녀가 선한 영향을 받으려면 어디를 보내야 할까요?

"선술집은 좋은 사람을 타락시키지 않듯이 학교는 악한 사람을 교정 시키지 않는다." – 유대 속담

"많이 가진 자는 신(神)을 주머니 속에 모셔두지만 가난한 자는 마음속에 신을 모셔둔다."는 유대 속담이 있습니다. 우리 아이들을 조금은 열악한 환경에서 기르는 것이 어떨까요?

31. 악을 선택하는 놀라운 천재적 소질

교육학자들은 끊임없이 인간의 본성을 선악의 개념에서 보려고 합니다. 기독교 인간관은 인간이 본성적으로 악한 존재라고 말합니다.

모든 인간은 죽음을 피할 수 없고 고통 없이는 번성할 수 없는 숙명을 안게 되었는데 이것이 죄(악)의 보상입니다(롬 5:12, 6:23 참고). 아담 이후 땅의 모든 족속은 삶과 죽음이라는 정해진 패턴을 따라 번식합니다.

어떤 부모도 자기 자녀가 악한 사람이 되기를 원치 않는데 마치 부모 속을 썩이려고 작정하고 태어난 아이처럼 애 먹이는 아이들이 있습니다. 누가 가르쳐 주지 않았는데도 아이들은 악한 생각을 합니다(창 8:21 참고).

아이들의 거짓말은 거의가 비의도적이며 욕망, 현실과 상상을 구분하지 못하는데 있다고 알지만 성경은 이러한 주장에 동의하지 않습니다. 어린이가 현실과 상상을 구분하지 못해서 거짓말을 한다면 지각이 들면 거짓말을 하지 않아야 되는데 그렇지 않습니다.

성경은 나면서부터 악의적으로 거짓말 하는 존재가 인간이라고 말합니다. 시편 기자는 인간 존재를 이렇게 보았습니다.

"내가 죄악 중에서 출생하였음이여 어머니가 죄 중에서 나를 잉태하였나이다"(시편 51:5) "악인은 모태에서부터 멀어졌음이여 나면서부터 곁길로 나아가 거짓을 말하는도다"(시편 58:3) "모태에서부터 네가 배역한 자라 불린 줄을 내가 알았음이라"(이사야 48:8 요약) 아기는 죄를 짓기에 무능할 뿐이지 죄짓지 않을 가능성을 갖고 태어난 것은 아닙니다.

이렇게 이른 시기에 아이들은 악을 선택합니다. 화이트박사는 3세 미만을 마음이 발달하는 시기라고 말하는데 마음밭에 무엇을 심어주느냐는 부모에게 달렸습니다. 소돔은 "무론 대소하고 악인들"이었다는데(창 19:11, 대하 20:13 참고) 이때도 어른이 앞에 나옵니다. 아이는 악이든, 선이든 부모의 영향 아래 있습니다.

아이와 함께 하는 시간

1) 놀이 후에는 스스로 정리 정돈을 하도록 하십니까?
2) 아이와 아이가 살아 갈 세상을 행복하게 하고 기쁘게 만들 수 있는 것이 있습니다. 아이가 착한 일을 할 때 최고의 칭찬과 사랑을 해 주세요. 이 방법은 좋은 사람이 되는 높은 자아상을 갖게 하고 아이의 숨은 잠재력을 개발시킵니다.

32. 미래 자원

아기들은 어떤 환경에서도 적응하는 능력이 있습니다.

영하 70도를 내려가는 눈과 얼음의 동토 베로얀스키에도 아기들이 태어나고 날고기를 먹는 사람들이라는 '에스키모'의 아기들은 야채 없이도 생존합니다. 환경과 문화에 적응하는 것입니다. 직사광선 아래서는 기온이 70도를 웃도는 이락크의 바스라에서도 아기들이 태어납니다.

아기는 하나님으로부터 어떤 조건에서도 생존하고 적응할 능력을 받은 것입니다. "생육하고 번성하라"고 하신 분은 "정복하고 다스리라"고 하셨습니다. 하나님은 인간만이 유일하게 자기 형상을 모델로 하여 땅을 정복하고 다스릴 수 있는 존재로 창조 하셨기 때문입니다.

20세에 마이크로 소프트사를 창업한 빌게이츠(Bill Gates)도 창업 20년 전에는 아기였고, 26세(1905년)에 양자역학과 상대성이론의 논문을 발표하여 세계를 놀라게 한 아인슈타인도 한때는 아기였으며 20세 최연소 벤처기업으로 억만장자가 된 마크 저커버그(Mark Zuckerberg)가 페이스 북의 소셜 네트워크를 개발하기 20년 전에는 그도 무능한 아기였습니다. 구글의 공동 창업자 래리 페이지(Larry Page)와 세르게이

브린(Sergey Brin)은 말할것도 없고 하나님의 아들 예수 그리스도는 아기로 태어나셨습니다. 우리 시대의 부모들이 노력한 결과 대부분의 아이들이 훌륭한 교육을 받으며 어른이 됩니다. 아기는 미래의 인적 자원입니다.

아이와 함께 하는 시간

1) 둘째, 셋째, 넷째 아이 출산 계획을 하십니까? 기독교인의 아기를 창업하십시오(Start-up Babychristian).

2) 아이의 결혼을 위한 기도를 하십니까? '아기를 위한 기도문'(카도쉬북)을 참고하십시오.

3) 신 6:10-11을 읽고 아이의 10대, 20대, 30대의 멋진 모습을 상상하세요. 우리 뇌는 성공 장면을 상상해 보는 것을 좋아합니다.

4) 유대 부모들은 "하늘이 아이들에게 준 재능을 말살시키는 것만큼 큰 죄는 없다"는 말을 합니다. 아이가 8살이 되면 테스트를 받아 보십시오. 뭘 잘하는지를 눈여겨 볼 필요도 있지만 뭘 지루해 하고 따분해 하는지를 관찰하십시오. 따분해서 몸을 비트는 아이는 어쩌면 뒤쳐져서가 아니라 동료들보다 더 앞서 있을지도 모릅니다. 천재성이 발견되면 십계명에 기반을 둔 인격교육과 도덕성을 반드시 가르치십시오.

33. 어린이의 죽음과 영생

어린아이들의 사망 원인은 대부분이 선천성 질환에 의해서입니다. 결국 사망은 물려받는 것이라는 말입니다. 칼빈은 어린이의 사망 원인에 관해서 "이것은 어린이 라고 예외가 아니라 아주 어린아이 까지도 남의 죄가 아니라 자기 자신의 죄에 빠져있는 것이며 엄연한 의미에 있어서 신 앞에서 죄인으로 여겨진다"고 했습니다. 죽음은 인류가 아담의 자손임을 증명합니다(창 3:19,5:3 참고). 죽음이 있다면 분명 부활과 영생이 있는 것입니다(요 5:29,11:25 참고). 우리는 입버릇처럼 '죽기 살기' 라는 말을 이미 하지 않습니까? 죽음 후에는 어떤 세계가 있을까요?

"너희가 어떻게 지옥의 판결을 피하겠느냐"(마 23:33)

"한 번 죽는 것은 사람에게 정해진 것이요 그 후에는 심판이 있으리니"(히 9:27)

어린 아기가 죽으면 천국에 갈까 지옥에 갈까 하는 문제에 대해서 오랫동안 논의가 있었습니다. 과연 예수님이 어린이라는 이유로 구원을 담보 하셨을까요? 그렇지 않습니다. 아담 안에서 모든 사람이 죽는 것같이 오직 예수 그리스도 안에서만이 생명을 얻는다는 복음은 아기에게도 예외가 아닙니다

(고전 15:22 참고). 예수님은 이스라엘의 지식인들에게 "뱀들아 독사의 새끼들아 너희가 어떻게 지옥의 판결을 피하겠느냐"(마 23:33) 하고 질책하시면서 독사와 새끼를 같은 맥락에 두셨습니다. 영아를 하루 속히 주님께 인도해야 할 이유가 이것입니다.

예수님은 부모가 데리고 온 아기가 천국을 가진다고 하셨습니다. "자기 어린 아기를 데리고 오매 … 하나님의 나라가 이런 자의 것이니라"(누가복음 18:16~17 요약) "이런 자"란 부모들이 예수께 데리고 나온 아기들을 뜻합니다.

아이와 함께 하는 시간

1) 3,4세부터는 구체적으로 성경을 가르치십시오. 교회의 예배 시간에 늦지 마십시오.

   교육학에서 결과에 대한 평가는 반드시 따릅니다. "예배를 잘 드리면 선물을 주겠어요."라고 했다면 이 조건에 부합한 행동을 하려고 아이들은 노력합니다. 일반 심리학자들은 "인간은 절대 보상 없이 움직이지 않는다"는 말을 합니다만 기독교는 차원이 다릅니다. "그리 아니 하실지라도" 꾸준한 섬김의 자세로 영아부의 출석 후원자가 되어주십시오.

   세 살 미만의 유아기를 뜻하는 영어의 'infancy'는 라틴어 'infantia'에서 온 단어입니다. 이 단어는 '말을 할 수 없는, 말하기에 불가능한'이라는 뜻입니다.

   신생아의 세계라는 책을 쓴 레오날드 크리스탈(E.D. Leonard Kristal)은 이 단어가 태어나서 두 번째 생일까지의 발달기를 말한다고 했습니다.

   한편 'infancy'는 in+fancy로서 환상과 꿈속에 있다는 뜻도 됩니다. 지구도 한 때는 유아기처럼 fantasy한 때가 있었습니다(창 2:6). 유아기의 인생은 마치 안개 같아서 3세 이후가 되어야 꿈에서 깨어난 듯이 기억이 생성됩니다. 3세

이전의 일을 기억 못하는 것은 기억 중추인 해마가 발달하지 않기 때문이라고 합니다. 그대신 공포는 3세 이전의 일도 기억하는데 이것은 감정을 관여하는 편도 체의 역할 때문이라는군요. 암기할 때 리듬 언어처럼 감정이나 감각을 자극시켜 주면 편도체를 자극해서 영원히 기억할 수 있습니다(신 31:19,21~22 참고).

볍씨는
비옥하고 촉촉한 땅에
떨어져야 싹을 티우고
열매를 맺듯이
영아부는 좋은 밭이에요.

BABY PHOTO

이스라엘 백성을 이집트에서 빼내는 것과 이스라엘 백성에 있는 이집트인을 빼내는 것, 어느 것이 쉬울까요?

이스라엘인들을 이집트에서 빼내는 것이 이스라엘인들에게서 이집트인을 빼내는 것보다 쉬웠다.

– 랍비 어윈쿨라

5장

영아부 아기전도법

어린이도 구원받아야 할 존재라는 중요한 사실과 왜 아기들에게 부지런히 복음을 전해야 하는지를 앞장에서 배웠습니다. 5장은 아기 전도법입니다.

"어린이를 모으고"(신 31:12 상)
"내게로 끌고 오라"(마 21:2 요약)

"선교는 영아기 때부터 해야 한다! 만약 취학 전 연령의 어린이 교육을 견고하게 다져 놓기만 한다면 후일 그릇된 개념을 해체하거나 재건하는 일은 하지 않아도 될 것이다."

– 조이스 깁슨(Joyce L. Gibson)

34. 전도 대상 정하기와 영아부 전도지 만들기

영아부는 교회와 가정을 잇는 역할 뿐 아니라 불신부모와 아기를 교회로 인도하는 징검다리 역할을 해 줍니다. 전도해 본 경험이 있나요? 어려운 이유가 무얼까요? 전도대상을 놓고 기도하십니까?

아기와 어머니들에게 전도해 본 경험이 있으시기 바랍니다. 해질 무렵의 동네 놀이터나 운동 시설이 있는 곳에 가면 자녀들을 데리고 나온 두어 명의 어머니들을 만날 수 있습니다. 우선 육아 정보를 함께 나눠 보세요. 낯선 사람에게 복음을 전하기가 어렵다면 자녀를 기르는 지혜를 공유하는 것에서부터 시작하면 훨씬 쉬워집니다.

꾸준히 교제를 나누다 보면 육아를 매개로 하여 복음을 전도할 기회를 얻게 됩니다. 이웃집 아기를 전도해서 하나님의 자녀로 입양시키는 일은 세상에서 가장 가치 있는 선행입니다. 용기를 내어 해 볼만 일입니다. 다음과 같은 과정으로 실천해 보십시오.

① 아는 아기 어머니들의 이름을 적어 보세요. 명단과 정보를 적는 전도수첩을 만들어 보십시오.

② 그들을 위해 기도해 줄 것을 영아부에 요청하세요. 교사들과 어머니들이 마음을 합해서 구체적으로 기도하십시오. 전도짝을 정하셨습니까?

③ 전도 대상자인 아기의 가정에 경조사가 있으면 축하와 위로를 드리십시오.

④ 육아 관련 정보와 영아부 교육 전도지를 가방에 가지고 다니시며 전하십시오. 전도는 할수록 재미있어요!

＊명심할 점! 아기에게 전도지를 나눠 주라고 하지 마십시오. 전도지는 부모님이 직접 주셔야 합니다.

아이와 함께 영아부 전도지 만들기

아이에게 색연필과 도화지를 주세요. 카도쉬 북 (www.holyi.com)에서 나온 영아부 전도지의 뒷면에 아기가 동그라미 그리기, 줄긋기, 눈, 코, 입, 귀 등을 그려서 아기들의 작품으로 완성하십시오. 기도하고 출발하세요.

"하나님, 우리 아기 ○○○가 전도지를 만들었어요. 이 전도지로 인해서 많은 사람이 구원받게 해주십시오"

예수님이 가르쳐 주신 전도법 "내게로 데리고 오라"

"그들이 예루살렘에 가까이 가서 감람산 벳바게에 이르렀을 때에 예수께서 두 제자를 보내시며 이르시되 너희는 맞은편 마을로 가라 그리하면 곧 매인 나귀와 나귀 새끼가 함께 있는 것을 보리니 풀어 내게로 끌고 오라 만일 누가 무슨 말을 하거든 주가 쓰시겠다 하라 그리하면 즉시 보내리라 하시니"(마 21:1~3)

이 본문은 예수님이 무례한 분으로 비춰지는 대목입니다. "주인의 허락도 없이 끌고 오라니, 도둑 아냐?"라고 말입니다. 그러므로 이 본문에는 비밀이 있습니다. 이것은 주의 자녀들이 피조물을 어떻게 다스려야하는지를 가르쳐줍니다. 요약하면 이렇습니다.

1) 맞은편 마을로 가라 (=다른 세계관을 가진)
2) 두 제자를 보내시며 (둘이 가라)
3) 나귀와 나귀새끼가 함께 묶여있는 걸 보았니? (발견)

4) 매임을 풀어라 (어떤 환경에 묶여있는지를 찾아라)

5) 끌고 와라 ('please'가 아니다. 눅 14:23)

6) 누가 뭐라고 하면 "주가 쓰신다"고 말하라 (사명선포)

전도 준비!

예수께 데려올 대상은 맞은편사람들(불신자)입니다. 아기는 부모에게 묶여 있고 부모는 생활에 묶여 있습니다.

1) 전도 짝꿍을 정하셨습니까?

2) 전도 대상자가 질병, 경제, 주택, 부부, 자녀 학업 등, 무슨 문제로 염려하는지를 찾아내고 기도해 주십시오. 기도와 금식이 흉악의 결박을 끌러줍니다(막 9:29, 사 58:6).

3) 전도는 영혼구원이므로 'please'가 아닙니다. "다 성 밖으로 끌어내야" 합니다(창 19:12).

4) "전능하신 하나님이 너를 쓰신다"라고 선포하십시오.

5) 전도대상자 또는 전도자가 되어 1)~4)를 연습하세요

"너희를 영접하지도 아니하고 너희 말을 듣지도 아니하거든 그 집이나 성에서 나가 너희 발의 먼지를 떨어 버리라 내가 진실로 너희에게 이르노니 심판 날에 소돔과 고모라 땅이 그 성보다 견디기 쉬우리라"(마 10:14~15)

35. 놀이터 전도(1~4세의 부모)

아이들이 놀이터에 나오는 날이 있습니다. 비온 후, 날씨가 좋은 날은 전도하기 좋습니다. 금요일 오후, 또는 주일 오후에 나가보십시오. 아기들은 해지기 전에 유모차에 또는 자전거를 타고 놀이터에 나옵니다. 어린이집이나 유치원을 파한 후, 아이를 데리고 놀이터나 공원에 나가면 그네를 타는 아이를 엄마가 벤치에 앉아서 지키고 계십니다. 같은 단지 엄마들끼리는 경계심이 없습니다. 아기를 데리고 놀이터에 나가십시오.

이 책의 발달 연령을 잘 읽으셨나요? 벤치에 앉아서 육아에 힘든 점을 나누어 보세요.

이 책에 있는 육아 상식을 조금 알려주세요.

자녀 양육의 좋은 간증이 있으면 들려주세요.

"우리교회에는 영 유아를 둔 엄마 아빠들의 모임이 있어요" 라고 교회의 영아부를 소개할 수 있습니다.

놀이터 전도에 나갈 때 필요한 전도용품

1) 아기들이 좋아하는 영양간식

2) 동화책

3) 마스크 팩 5개(5×500원)

4) 영아부 전도지

출발!

기도하고 나가는 것을 잊지 마십시오! 기도가 가장 좋은 전도용품입니다. 전도 짝을 정하셨나요?

영아부 사역자는 "저는 ○○교회의 육아 전문가예요"라고 소개하십시오.

36. 유모차 전도(3개월~1세 미만)

　아파트나 빌라 단지에서는 아기에게 바깥바람을 쐬어 주려고 유모차에 아기를 태우고 한가로이 산책하는 엄마들을 만날 수 있습니다. 아기를 유모차에 태우고 산책하십시오. 어떤 대화로 시작하는 것이 좋을까요? 여러분에게는 이미 좋은 생각이 있습니다.

1) "몇 동에 사세요?" 아기 칭찬하기
2) 여러분의 아기보다 어리면 "우리 애가 입던 옷, 장난감이 있는데 드릴까요?"라고 물으십시오.
3) 양육에 대한 간단한 정보를 드리십시오.
4) 집으로 초대해서 차를 나누며 영아부를 소개하십시오.
　"제가 다니는 영아부에서 '아기 이유식 만들기'를 가르쳐 줍니다. 오실래요?"

유모차 전도에 필요한 전도용품

1) 아기양말　　　2) 물티슈
3) 아기비누　　　4) 예쁜 핀
5) 영아부 전도지

37. 엘리베이터 전도(3개월~4세)

   같은 동에 사는 아기들에게 관심을 가지십니까? 엘리베이터의 좁은 공간에서 이웃을 만나면 멋쩍지요. 그런데 대부분의 아기는 낯선 사람에게 흥미를 갖고 뚫어지게 보다가 눈이 마주치면 수줍어하며 얼굴을 숨기는 깍꿍 놀이를 걸어옵니다.

1) "몇 층에 사세요?"
2) "아기가 참 귀엽네요. 깍꿍! 몇 개월이에요?" 서너 살 아이에게는 직접 말을 거는 것이 좋습니다. "세 살이에요?"(나이 맞추기를 잘 하셔야 합니다).
3) "우리 집에 제가 읽은 '육아책'이 있어요. 드릴까요?"

엘리베이터를 타고 올라갈 때 필요한 전도용품

1) 콩나물	2) 찰떡
3) 반찬	4) 김 한통
5) 행주	6) 교육전도지

영아부의 부모님들은 아기를 둔 부모님을 전도하기가 쉽습니다. 아이 때문에 알게 된 엄마들이 있습니까?

　어린이집(유아원)에서 만난 엄마
　학원이나 체육관에서 만난 엄마
　그 외 ;

미도 엄마의 이웃들은 전도 받을까봐 미리 연막을 칩니다. "왜 기독교만 구원이 있다고 하지요? 하나님이 그렇게 좋은 분이면 다 구원하시지, 왜 누구는 구원하고 누구는 구원하지 않는다는 거죠? 기분 나빠요!"

그 말을 들은 미도 엄마는 흥분해서 "그래, 너희들 몽땅 지옥에 보냈으면 좋겠어!"라며 화를 냅니다. 며칠이 지나서 미도 엄마는 이웃의 마음을 바꾸기 전에 자신의 마음을 바꾸기로 했답니다.

"전도란 마치 하나님의 자녀를 찾아내는 술래잡기 게임같애. 너희들 다 술래해라 내가 다 잡는다!"

전도란 전혀 모르는 사람의 영혼을 사랑하는 마음에서 시작합니다. 우주 만물의 창조주요 우리의 구세주 예수 그리스도는 그들을 사랑하시고 세상의 짐에서 자유하게 하시고 내세에서 멸망 받지 않기를 원하시기 때문입니다.

다음의 대화 자료 32종을 참고해서 전도를 해 보십시오.

38. 전도 현장에서 필요한 대화 32

대화 1. 세상이 저절로 만들어진 것 아닙니까?

탈무드 학자 랍비 아키바에게 어떤 사람이 찾아왔습니다. 두 사람의 대화를 들어보십시오.

"세상은 누가 창조하였나요?" "거룩하신 하나님께서 창조하셨지요." "그것을 증명 할 수 있나요?" "그러면 나도 질문을 하지요. 당신이 입고 있는 그 옷은 누가 만들었습니까?" "옷감 짜는 사람이 만들었지요." "증명할 수 있습니까?" "증명할 필요가 있나요? 당연한 것을요." "당신은 세상을 바라보면서 하나님이 이 세상을 만드셨음을 왜 모르십니까?" "집은 당연히 목수가 만들고 옷은 옷 전문가가 만들듯이, 세상은 창조주 하나님이 만드신 것이 당연하겠군요."

세상에 살다보면 증명할 필요가 없는 것들이 있습니다.

"예수께서 이르시되 너는 나를 본 고로 믿느냐 보지 못하고 믿는 자들은 복되도다 하시니라"(요 20:29)

대화 2. 하나님을 믿으라고요?

위도에 따라 다소 차이가 있지만 지금 이 순간에도 지구는 시속 1,600km로 자전하며 시속 10만 8천km로 태양의 궤도를 따라 공전하고 있습니다. 그런데 우리는 지구가 돌 때 나오는 엄청난 큰 소리를 들을 수 없을 뿐 아니라 지구가 돌고 있다는 사실조차 느끼지 못합니다. 지구 안에서는 이 엄청난 속도감을 못 느끼듯이 세계가 하나님 안에 있기 때문에 우리는 하나님을 못 느낍니다(마 5:34~35 참고). 우리가 볼 수 있는 것, 들을 수 있는 것들은 제한되어 있습니다. 하나님의 영역을 우리가 다 알 수는 없습니다. 하나님 안에서 사는 우리는 하나님을 다 알고 이해할 수는 없습니다.

하지만 모태의 아기가 제한된 장소에서 밖의 세상을 인식하듯이 지혜로운 사람은 제한된 세상에서 하나님의 나라를 인식합니다.

"땅과 거기에 충만한 것과 세계와 그 가운데에 사는 자들은 다 여호와의 것이로다"(시 24:1)

대화 3. 있다? 없다

우리의 육안으로 보는 태양만 해도 지구에서 약 1억 5천만 km떨어져 있습니다. 걸어서 4천년, 비행기로 20년, ktx기차로 약100년(200km/hr)쯤 걸리는 거리입니다.

그런데 옛날 사람들은 조선 땅이 큰 줄 알았어요. 그 당시 사람들은 자기가 태어난 곳에서 100리 이내에서 살다가 죽었습니다. 그들은 자기 주위의 세상에 대해 조금 밖에 알지 못했습니다. 1522년 마젤란이 지구를 한 바퀴 도는데 3년 걸렸습니다. 그런데 지금은 나로호가 하루에 14바퀴를 돕니다. 몇 백 년 전 사람들은 지구가 우주의 중심인줄 알았어요. 그런데 지구는 작은 행성에 불과한 거예요. 이처럼 우리가 모르는 세계가 있습니다. 우리가 아는 지식이나 생각은 제한되어 있습니다.

주께서 나를 그의 천국에 들어가도록 구원하시리니 그에게 영광이 세세무궁토록 있을지어다 아멘"(딤후 4:18)

대화 4. 왜, 하나님을 인식하지 못할까요?

물고기들이 사람들의 대화를 엿듣게 되었습니다. "물고기에게 가장 중요한 것이 물이야, 물 없으면 죽고 말지." 물고기들은 "도대체 물이 뭘까?"라면서 아무리 연구해도 물이 무엇인지 아무도 모르는 것입니다. 그래서 나이 많은 물고기를 찾아 가서 물었더니 그는 이렇게 대답하였습니다. "우리가 지금 그 속에 살고 있는 거야! 물은 우리의 생명이라고 말할 수 있지."

– 톨스토이의 우화에서

물고기들이 왜 물을 몰랐을까요? 물 밖으로 나와서야 물의 소중함을 안다면 이미 늦었습니다. 사람들이 이 세상을 떠나 저 세상에 가서야 하나님을 인식한다면 늦습니다. 우리가 공기를 인식 못하고 살듯이 온 세상에 편만하신 창조주 하나님의 존재를 의식하지 못한다고 해서 없다고 한다면 경솔한 판단일 수 있습니다.

"너는 청년의 때에 너의 창조주를 기억하라 곧 곤고한 날이 이르기 전에, 나는 아무 낙이 없다고 할 해들이 가깝기 전에 해와 빛과 달과 별들이 어둡기 전에, 비 뒤에 구름이 다시 일어나기 전에 그리하라"(전 12:1~2)

대화 5. 기독교는 이기적이라고요?

"기독교는 왜 어린아이에게까지 종교를 강요하는 거죠? 이 애가 17세가 되면 그때 스스로 결정할거예요. 그러니까 강요하지마세요!"

국가는 왜 해마다 건강 검진을 받으라는 통지서를 보내고 강요까지 합니까? 국민의 건강을 국가가 책임지는 것이 못마땅하십니까? 왜 예방주사를 맞습니까? 사고가 나지도 않았는데 왜 보험에 가입하십니까? 불감증 환자들은 안전 대책을 미리 세우지 않습니다. 이 세상 어떤 부모도 자기 아이가 얼마나 살지를 모릅니다. 생명이 무한하다고 생각하는 부모들은 스스로를 기만하는 것입니다. 불행한일이 일어나지 않는다면 더 좋고 일어난다면 대비책이 될 것이라는 믿음으로 보험에 가입을 하는 사람을 이기적이라고 말하지 않습니다.

"오늘밤에 네 영혼을 도로 찾으리니 그러면 네 준비한 것이 누구의 것이 되겠느냐?"(눅 12:20 요약)

"그러므로 우리가 믿음으로 의롭다 하심을 받았으니 우리 주 예수 그리스도로 말미암아 하나님과 화평을 누리자"(롬 5:1)

대화 6. 지금 결정해야 할 것

미국의 비자가 있다고 해서 백악관에 들어갈 수 있는 것은
아닙니다. 죽음이란 저쪽 세상에 들어가는 통과 비자와 같습
니다. 죽기 전에 받아야 합니다.

교정이 할아버지는 예수님을 믿지 않다가 세상을 떠나시기
직전에 예수님을 믿고 세례 받으셨습니다. 그 말을 들은 은석
이는 "저는 죽기 전에 예수 믿을래요."라고 합니다. 사람은 무
엇을 모르고 사나요? 자신의 죽는 날짜를 모릅니다. 영생의
선택 조건은 '이 세상에서' 라는 기간으로 제한되어 있습니다.
만료 기간을 어기지 마시기 바랍니다. 아무리 전해도 듣기 싫
어하는 사람이 있다면, 그는 혹시 지옥에 가기로 작정된 사람
일지도 모릅니다.

인류의 구원자 예수의 이름을 부르면 영혼이 영원히 산다
니 얼마나 다행입니까? 너무 쉬워서 싫으십니까?

"하나님은 이르시되 어리석은 자여 오늘 밤에 네 영혼을
도로 찾으리니 그러면 네 준비한 것이 누구의 것이 되겠느냐
하셨으니"(눅 12:20)

대화 7. 돌아 가셨습니다. 세상을 떠나셨습니다.

사람이 죽으면 "돌아가셨다" "세상을 떠났다"라고 하며 애도를 표합니다. 죽은 사람이 현재 살아있는 사람을 지배해서는 안 되는 이유는 돌아가셨으니까요. 인간은 세상을 떠나 어디로 돌아가기에 이러한 말을 하는 걸까요? 돌아가는 방법 또한 있지 않을까요? 죽었다가 돌아올 재주가 없으면 돌아갈 곳의 약도를 배워두는 것이 현명하지 않을까요? 사후의 미래가 있다는 것을 부인한다면 미래가 없다는 보장을 증명해 보여야 합니다.

"그들이 이제는 더 나은 본향을 사모하니 곧 하늘에 있는 것이라 이러므로 하나님이 그들의 하나님이라 일컬음 받으심을 부끄러워하지 아니하시고 그들을 위하여 한 성을 예비하셨느니라"(히 11:16)

"하나님이 세상을 이처럼 사랑하사 독생자를 주셨으니 이는 그를 믿는 자마다 멸망하지 않고 영생을 얻게 하려 하심이라"(요 3:16)

"주 예수를 믿으라. 그리하면 너와 네집이 구원을 받으리라"(행 16:31)

대화 8. 성경의 말씀을 믿으라고요?

"성경이요? 전설의 고향을 믿으라고요? 성경은 순 모순덩어리예요."

사람들은 이런 저런 이유로 성경을 신화로 취급합니다. 만약 고대인이 현세를 여행하고 돌아갔다고 가정합시다. 그들이 "와아~사람이 하늘을 날아다니고 손바닥에 작은 상자 하나로 세상이 어떻게 돌아가는지를 다 알더라."라고 하면 그들이 믿을까요? 3~4천 년 전의 사람들이 현대인의 생활 방식을 믿기 어렵듯이 우리가 그 시대 삶의 정황을 믿을 수 없다고 해서 거짓말로 단정 짓는 것도 모순이 아니겠습니까?

"너희가 성경에서 영생을 얻는 줄 생각하고 성경을 연구하거니와 이 성경이 곧 내게 대하여 증언하는 것이니라"(요 5:39)

"모든 성경은 하나님의 감동으로 된 것으로 교훈과 책망과 바르게 함과 의로 교육하기에 유익하니 이는 하나님의 사람으로 온전하게 하며 모든 선한 일을 행할 능력을 갖추게 하려 함이라"(딤후 3:16~17)

대화 9. 성경의 진실

"성경은 길가메시 서사시를 베낀 거 아닙니까? 성경의 창세기는 그보다 1,500년 뒤의 글이니까요! 이런 카피본을 믿으라고요?"

"함무라비 법전, 우르남무, 에쉬눈나 법전들은 성경보다 훨씬 이전의 법인데 모세가 이것들을 베끼고는 하나님께 받았다고 속이는 게 아닙니까?"

모세는 길가메시가 죽은 지 대략 1,500년쯤 뒤에 태어났으니 그렇게 생각할 만도 합니다. 그런데 40년 동안 이짚트의 철학과 과학을 공부했고 미디안 사찰에서 봉사했던 모세가 현재는 불신되고 있는 많은 미신들을 성경에 전혀 가미하지 않았다는 사실은 무얼 의미할까요? 오늘날 과학 시대에 살고 있는 우리가 현대의학과 보건 위생에 대한 아이디어를 성경에서 얻고 있습니다. 성경보다 일찍이 저술된 고대 법전이나 문학이 성경과 유사한 부분이 있다는 점이야말로 성경은 가설이 아니라 역사이며 인류는 단 한 뿌리에서 시작되었다는 진술을 분명히 합니다('하나님의 과학' 참조).

대화 10. 누가 위대한가요?

로마 황제 툴너스 루퍼스(Turnus Rufus)가 아키바를 찾아와서 이렇게 물었습니다.

"하나님이 만드신 것과 사람이 만든 것 중에 누구의 솜씨가 더 우수할까요?"라고. 아키바는 "사람이지요"라고 대답했습니다. 그러자 왕은 몹시 놀라며 "인간이란 존재가 조물주 보다 탁월해서 하늘과 땅을 닮은 그 어떤 것을 창조 할 수 있다는 의미인가요?"라고 물었습니다. 아키바는 "나는 인간의 재능을 넘어서는 창조를 언급 하는 것이 아니라 조물주의 영역 안에서의 인간을 말한 것이오. 그런 인간을 창조하신 조물주는 얼마나 더 위대하겠습니까."라고 답했습니다.

세상의 이치를 알려면 창조주 하나님을 찾아야 하지 않겠습니까?

"여호와 하나님에게 자기의 소망을 두는 자는 복이 있도다 여호와는 천지와 바다와 그 중의 만물을 지으시며 영원히 진실함을 지키시며"(시 146: 5~6 요약)

대화 11.하나님을 증명해 보시오

로마 황제가 아키바를 만나서 물었습니다. "당신의 하나님은 참 불공평하고 세상을 잘못 다스리는 것 같소. 세상이 온통 불합리한 일들뿐이구려!" 그러자 아키바가 "창조주는 인간을 만드시고 인간은 창조주의 일을 수행하므로 세상이 온전해지는 것이오."라고 대답했습니다. 황제는 "그것을 증명해 보이시오."라고 했습니다.

아키바는 빵과 밀 이삭을 들고 와서 황제에게 물었습니다. "이 빵과 밀 이삭 중에 어느 것이 더 완전하다고 생각하시오?" "그야 물론 빵이 아니오?" "맞소, 빵이 되기 위해서 낟알은 잘리고 갈리고, 요리해야 하듯이 하나님은 만드셨고 그의 사역을 완전하게 하는 것은 인간이오."(미드라쉬 레위기 117-118면)

하나님은 밀을 만드시고 사람은 빵을 만들어야 먹을 수 있듯이 하나님이 예수님을 주시고 사람은 예수님을 믿으므로 온전해 집니다.

"예수는 우리가 범죄한 것 때문에 내줌이 되고 또한 우리를 의롭다 하시기 위하여 살아나셨느니라"(롬 4:25)

대화 12. 하나님을 보여 주시오

로마의 왕이 유대 랍비 요하난 벤 자카이를 찾아와서 말했어요. "당신들은 날마다 하나님을 부르는데 나한테 하나님을 보여 주시오. 그러면 나도 하나님을 믿겠소." 요하난은 왕을 모시고 밖으로 나갔습니다. 그리고 "저기 저 하늘에 떠 있는 해를 똑바로 쳐다보시오." 라고 하자 왕은 해를 보려다가 눈이 부셔서 얼른 손으로 눈을 가렸습니다. 그러자 그는 왕에게 말했어요. "당신은 하나님이 만드신 종들 가운데 하나인 해도 똑바로 보지 못하면서 어찌 해를 만드신 분을 보겠다는 것입니까?"

태양을 가리는 선 그라스가 있듯이 성경말씀은 렌즈와 같습니다. 성경을 통해서 우리는 하나님을 볼 수 있습니다.

"성경은 능히 너로 하여금 그리스도 예수 안에 있는 믿음으로 말미암아 구원에 이르는 지혜가 있게 하느니라"(딤후 3:15 요약)

대화 13. 세상은 창조주의 실패작이라고요?

2세기 초에 한 로마 황제가 랍비 아키바에게 물었습니다. "하나님이 만드신 세상은 왜 이렇게 불합리한 일들이 많고 이해할 수 없는 일들이 일어나지요? 하나님이 세상을 너무 짧은 시간에 만드신 것 같소." 여러분은 어떻게 생각 하십니까? 다음의 이야기를 들어보십시오.

평생토록 높은 돌벽으로 가려져 있는 도시에서 살았기 때문에 들판이나 목장을 한 번도 보지 못한 형제가 있었습니다. 그들은 시골로 여행을 떠났다가 밭을 갈고 있는 농부를 만났습니다. "도대체 무엇 때문에 저런 행동을 하고 있을까? 땅을 뒤집고 있잖아, 왜 좋은 풀로 덮인 땅을 파서 뒤집고 있는거야?" 그들은 농부가 고랑을 따라 씨앗을 뿌리는 광경을 보았습니다. "미쳤구나, 좋은 밀을 흙 속에 던져 넣다니" 막내는 화가 나서 도시로 돌아가 버렸습니다. 농촌에 남은 형은 몇 주일 뒤에 무슨 변화가 일어났는지 볼 수 있었습니다. 경작된 밭은 연하고 푸른 싹을 내기 시작했고 들판은 이전보다 더 아름답고 신선합니다. 그는 도시로 돌아간 동생에게 "즉시 와서 직접 놀라운 변화를 보라"고 편지했습니다. 그의 동생은 와서 보고는 아주 기뻐했습니다. 시간이 흘러 그들은 자그마한 밀이 점점 자라 황금빛 이삭을 맺는 모습을 보았습니다. 다 자란 밀에 농부가 낫을 들고 밀을 자르기 시작하자 성미 급한 동생이 소리쳤습니다. "저 농부 바보 아냐? 힘들게 고생해 놓고는 자기 손으로 자르고 있구나!"라며 그는 다시 도시로 돌아갔습니다. 참을성이 많은 형은 농촌에 남았습니다. 그는 농부가 밀을 추수하여 곳간에 들이는 모습을 보았습니다. 솜씨 좋게 알곡과 쭉정이를 가르고 뿌린 씨보다 100배나 많은 곡식을 거두었다는 사실을 알고는 경이감에 사로잡혔습니다. 이제야 그는 농부가 한 모든 일에 이치가 있다는 것을 이해하게 되었습니다.

– 나단 아우수벨이 인용한 '둡노'라는 설교자의 비유에서.

인간은 하나님께서 하시는 일 가운데 일부분만을 알고 있습니다. 창조의 목적과 세상의 이치와 그 한계를 인간은 모릅니다. 사람들은 하나님께서 하시는 일 가운데 처음, 또는 일부분만 압니다.

"어리석은 자는 그의 마음에 이르기를 하나님이 없다 하는도다"(시 14:1 요약)

대화 14. 하나님이 계신다면 왜 보이지 않나요?

세계 인류는 xx, xy 염색체외에 성별(sex)을 구분하는 다른 어떤 조직도 존재하지 않습니다. 이 점은 인류가 단 1명의 남자와 여자에서 시작되었음을 증명합니다. 인류가 한 뿌리에서 나왔다는 것은 한분의 신에 의해서 창조될 때만이 가능합니다.

공기가 눈에 보이지 않지만 온 세계에 편만하듯이 "보이지 않는 것은 존재하지 않는다"는 믿음은 허구입니다. 하나님은 사람이 아니라 영(spirit)이십니다. 죄인은 하나님의 존재를 인식하지 못합니다.

태양, 달, 별, 우주, 신생아를 보면 조롱하지 않고 경외심을 갖듯이 창조주 하나님을 그런 맘으로 경외해 드리십시다.

"이방인들이 듣고 기뻐하여 하나님의 말씀을 찬송하며 영생을 주시기로 작정된 자는 다 믿더라"(행 13:48)

"마음이 청결한 자는 복이 있나니 저희가 하나님을 볼 것임이요"(마 5:8)

대화 15. 내가 생각하는 것이 옳은가?

새 한 마리가 바닷가에 둥지를 틀었습니다. 그런데 높은 파도가 밀려와서 순식간에 새둥지를 휩쓸어 가고 말았습니다. 하루아침에 둥지를 잃은 엄마새는 슬프고 화가 나서 바다를 없애 버릴 원대한 계획을 세웠습니다.

"모래알을 입에 물고 가서 바다에 떨어뜨리자." 새에게 물려가는 작은 모래알이 애원하며 사정을 합니다. "나는 간신히 바다에서 육지로 나왔어. 그런데 너는 왜 나를 다시 바다에 던지려고 하니?" 하지만 엄마새에게 그 소리는 들리지 않았어요. 왜냐하면 매우 화가 나 있었으니까요. 엄마새는 바다에서 올 때는 물 한 모금씩 입에 물고 왔습니다. "나는 화가 났다. 그래서 원대한 계획을 세웠다. 바다를 육지로, 육지를 바다로 만들 생각이다." – 유대동화에서

화가 나면 다른 사람의 소리가 들리지 않습니다. 혹시 기독교에 대해서 화가 나셨습니까?

"내 생명이 한낱 바람 같음을 생각하옵소서"(욥 7:7)

대화 16. 내가 누군지 맞혀보세요.

우리가 매일 마시는 것이에요. 엄마에게서 "조용히 해, 공부해, 우유 마셔라"는 말은 들었지만 이것을 "마시라"는 말은 한 번도 듣지 못했어요. 나는 무엇일까요?

힌트 : 자면서도 나를 마십니다. 그런데 공짜! 사람이 지구 밖에서 살지 못하는 것도 우주에는 내가 존재하지 않기 때문이에요.

답 = 산소입니다. 산소가 생존의 제1 조건이듯이 부자나 가난한 사람을 막론하고 영생의 조건은 예수님을 믿어야 한다는 유일한 조건입니다. 모든 사람이 다 구원 받으려면 어쩔 수 없습니다.

"너희는 그 은혜에 의하여 믿음으로 말미암아 구원을 받았으니 이것은 너희에게서 난 것이 아니요 하나님의 선물이라" (엡 2:8)

대화 17. 기독교는 왜 하나님 한분만 믿으라고 하나요? 여러
　　　　 신들을 모시면 안 되나요?

　세상에서 나를 낳아주신 아버지, 학교의 교장 선생님, 국가
의 대통령도 한분입니다. 세계 어느 나라도 대통령을 두 명 뽑
지 않습니다. 왜 온 인류가 only one 방식을 택할까요? 이것
이 최선의 방법이라는 것을 이미 알고 있기 때문입니다. 기독
교가 왜 유일하신 한분 하나님을 믿으라고 하는지 현명한 분
은 아셨을 것입니다. 여러분을 우주의 왕으로 뽑아드리면 세
상을 구원할 자신이 있습니까? 자신 없으면 그냥 하나님 한분
을 믿어 드립시다.

　"이제는 나 곧 내가 그인 줄 알라 나 외에는 신이 없도다 나
는 죽이기도 하며 살리기도 하며 상하게도 하며 낫게도 하나
니 내 손에서 능히 빼앗을 자가 없도다"(신명기 32:39)

대화 18. 왜, 기독교는 예수만 구원의 길이라고 합니까?

  공자(주전 551~479)는 노나라에서, 석가모니(주전 624~544)는 네팔 룸비니에서, 예수(주전 1~주후 33년)는 베들레헴에서, 마호멧(주후 570년~632년)는 아라비아 메카에서 태어났습니다. 예수도 성인 중에 한사람이 아닙니까? 기독교는 왜 예수를 유일무이한 구원자라고 주장합니까?

  그의 이름이 '예수' 이기 때문입니다. '예수' 란 '구원자' 라는 뜻입니다. 구원자를 구원자라고 하는 것이 당연합니다. 예수란 세상에서 불린 하나님의 이름입니다. 예수외에 어떤 성인도 자신이 부활했다고 말하지 않습니다. 예수가 사기꾼이라면 누구도 그분을 성인이라고 부르지도 않을 것입니다. 이 모호하고 불완전한 세상에서 인류의 구원자가 있다는 것처럼 더 좋은 뉴스가 세상에 어디 있습니까?

  "다른 이로써는 구원을 받을 수 없나니 천하사람 중에 구원을 받을 만한 다른 이름을 우리에게 주신 일이 없음이라 하였더라"(행 4:12)

대화 19. 성경은 서구의 산물이 아닌가요?

성경책은 어떻게 해서 이렇게 오래도록 만인에게 읽혀질까요? 이것이 기독교인들이 노력한 결과일까요? 서구 문명사회의 산물인가요? 이것이 우연일까요?

현대 과학컴퓨터는 지구 중심이 위도 39, 경도 34지점으로 이는 현재 터키 수도 앙카라 근처의 아라랏 산과 똑같은 위도이며(아라랏 = 위도 39도 경도44도), 예루살렘과 같은 경도임이 밝혀졌습니다(참고, 우리나라는 위도 33-43, 경도 124-132). 과학이 풀어낸 지구의 지리적 중심이 성경과 일치합니다(겔 38:12 참고). 성경은 서구의 발명품이 아니라는 사실입니다. 인류에게 희망을 주는 유일한 책으로 수천 년을 읽혀져왔다면 성경은 이미 검증이 된 책입니다.

"너희가 성경에서 영생을 얻는 줄 생각하고 성경을 연구하거니와 이 성경이 곧 내게 대하여 증언하는 것이니라"(요 5:39)

대화 20. 왜 기독교에만 구원이 있다고 말합니까?

이것은 마치 "왜 당신은 대한민국에 태어났느냐"라는 질문과 같습니다. 죽는 날짜, 부모, 가족, 국가 등은 주어지는 운명입니다. 어떤 사람은 부자 부모에게서 태어나고 어떤 사람은 가난한 나라에서 태어납니다. 선택 여지없이 받아들여야 하는 것을 운명, 필연, 기독교 신학용어로는 '섭리'라고 합니다. 기독교에만 구원이 있으며 예수님만이 구원하신다는 기독교의 도그마(진리)는 창조주 하나님이 정해 놓으신 불변의 법칙으로 운명과도 같습니다. 그분의 권한에 도전할 수 있는 피조물은 없습니다. 필연은 거부하지 말고 그냥 하나님을 즐기십시오.

"예수께서 이르시되 내가 곧 길이요 진리요 생명이니 나로 말미암지 않고는 아버지께로 올 자가 없느니라"(요 14:6)

대화 21. 기독교는 왜 '하지 말라'는 것이 많습니까?

이 질문은 "왜 교통법규가 필요합니까?"라고 묻는 것과 같은 질문입니다. 우리가 사는 세상이 안전하려면 세상을 창조하신 하나님이 정해 주신 질서와 법을 준수하며 살아야 합니다. 자동차를 구입하면 제일먼저 안전 운행 법을 배우듯이 인간이 세상에 태어나면 이 불안전한 세상을 어떻게 살아야 하는지의 안전 교육부터 받아야 합니다. 자동차 부품이나 디자인에 대해서 장황하게 늘어놓을게 아니라 작동법을 가르치듯이, 비행기가 이륙하기 전에 생명 안전에 대한 기술을 훈련하듯이 기독교의 십계명은 세상을 안전하게 사는 생명 안전밸트와 같습니다.

"내가 오늘 네 행복을 위하여 네게 명하는 여호와의 명령과 규례를 지킬 것이 아니냐"(신 10:13)

대화 22. 기독교는 왜 십계명을 가르칩니까?

도로에 나가면 "100m 앞에 감시 카메라가 있습니다."라는 과속 경고를 미리 알려줍니다. 범칙금도 없애고 단속카메라도 없이 신나게 달릴 수 만 있다면 얼마나 좋겠습니까? 그럼에도 이런 제도를 둔 이유를 여러분은 이미 다 아십니다.

하나님이 십계명이라는 법을 주신 것은 벌주시기 위해서가 아니라 화를 미연에 방지하기 위해서 입니다. 뭘 해야 하는지, 해서는 안 될 것이 무엇인지를 알고 살면 세상이 평화롭습니다.

"건강한 소와 약한 소를 가진 농부는 건강한 소에게 멍에를 지게 한다. 하나님은 건강하고 바르게 사는 자에게 무거운 짐을 지게 하신다." - 랍비 엘르아잘

"너희는 지켜 행하라 이것이 여러 민족 앞에서 너희의 지혜요 너희의 지식이라 그들이 이 모든 규례를 듣고 이르기를 이 큰 나라 사람은 과연 지혜와 지식이 있는 백성이로다 하리라" (신 4:6~7)

대화 23. 다른 길이 없다고요?

"부산가는 길도 얼마나 많은데, 예수를 믿어야만 유일하다는 기독교는 참 이기적이에요."

1x1 = 왜, 1이지요? 3이라고 하면 안 되나요? 왜, 산소의 화학 기호를 H_2O라고 합니까? HOT 라고 하면 안됩니까? 1 x 1=1 이라고 답한 사람이나 빨강 신호등 앞에서 멈춰야 한다고 말하는 사람을 이기적이라고 할 수 없습니다. 세계는 조물주께서 정해 놓으신 원리와 이치에 따라 운행하고 있습니다. 수학에 절대 원칙과 공식이 있듯이 구원 역시 절대원칙과 절대공식이 있습니다. 오직 예수 그리스도 외에는 다른 길이 없다는 공식입니다. 공식은 그냥 외우십시오.

"내가 곧 길이요 진리요 생명이니 나로 말미암지 않고는 아버지께로 올 자가 없느니라"(요 14:6 5)

대화 24. 구원이 공짜라고 해서 왔는데 교회는 왜 돈을 걷습니까?

 기독교가 영생을 선물이라고 해서 믿고 다녀보면 돈을 걷는 것이 사실입니다. 하지만 십일조나 헌금 등은 천국 입장료가 아닙니다. 헌금은 저소득층을 위한 자선 금으로, 교회유지비, 직원 월급 등으로 쓰입니다. 티켓을 선물 받아 열차에 올랐어도 즐거운 여행을 위해 음료와 간식은 돈 주고 사서 옆 사람과 나누어 먹듯이 헌금은 일종의 선행입니다. 구원 티켓을 선물로 받은 사람은 목적지(천국)에 도착할 때 까지 선한 일을 하면서 즐거운 여행되시기 바랍니다.

 "너희 모든 목마른 자들아 물로 나아오라 돈 없는 자도 오라 너희는 와서 사 먹되 돈 없이, 값없이 와서 포도주와 젖을 사라 그리하면 너희가 좋은 것을 먹을 것이며 너희 자신들이 기름진 것으로 즐거움을 얻으리라"(사 55:1-3 요약)

대화 25. 하나님을 믿는데 왜 내게 환란을 주십니까?

하나님이니까 그렇습니다. 그는 신이니까요. 만약 인간 맘대로 움직여 주는 신이라면 그는 신이 아니라 사람의 꼭두각시입니다. 인간에게 가장 최선의 방법이 무엇인지를 아는 분이 참 신입니다. 기독교의 하나님은 인간이 조정할 수 있는 분이 아닙니다. 그는 인생을 지으시고 아시는 절대적인 신입니다. 현명한 부모는 자녀의 요구를 다 들어주지 않습니다. 그에게 합당하고 필요한 것이 무엇인지를 알아서 그것을 주듯이 하나님은 때로 'NO!' 라고 하실 수 있습니다.

"도공은 이미 망가진 그릇을 손가락으로 두드려서 시험하지 않는다. 잘 만들어진 그릇을 손가락으로 이리저리 두드려 보면서 시험해 본다." – 랍비 요나단

"고난당한 것이 내게 유익이라 이로 인하여 내가 주의 율례를 배우게 되었나이다"(시 119:71)

대화 26. 기독교는 왜 예수를 믿어야만 구원받는다는 답안
　　　　지를 만들어 놓고는 달달 외우라고 합니까?

입시생 유명자는 전 과목 100점입니다. 자기가 아는 문제
만 시험에 냈으니까요. 학생들이 유명자를 어떻게 생각했을
까요? 성적을 평가하는데 가장 좋은 방법은 입시생 이 아니라
전문가가 문제를 출제 하는 것입니다. 인간 구원의 이 심각한
문제도 인간이 아니라 하나님이 출제하시고 답과 채점도 하
나님이 하셔야 공정합니다. 그분이 인간과 만물 창조의 전문
가니까요.

출제범위 : 요 14:6, 행전 4:12, 행 16:31
문제 : 구원 받으려면 어떻게 해야 하나요?
답 = 구원자이신 예수님을 믿어야 합니다.
　정답은 교과서에 있는 대로 써야 합니다. 하나님이 출제한
문제에 불만이 있나요? 그렇다고 과학교사에게 성경과목을
출제하라고 할 수는 없지 않습니까?

"예수께서 이르시되 내가 곧 길이요 진리요 생명이니 나로
말미암지 않고는 아버지께로 올 자가 없느니라"(요 14:6)

대화 27. 예수님을 믿으면 천국 간다니, 너무 쉬운 거 아닙니까?

착한 일을 많이 한다고 영원히 산다면 정말 공평치 않습니다. 선행을 하고 싶어도 할 수 없는 사람들이 많으니까요. 영생을 얻는 길은 인간의 선행에 의한 것이 아니라는 것이 성경의 진리입니다.

문명국가 일수록 생존에 필요한 기본 생필품들은 물가지수와 상관없이 저렴하지 않습니까? 최소한 굶주리는 국민이 없도록 정부가 나서서 조절하기 때문입니다. 세상을 창조하신 하나님은 생존에 필요한 가장 기본적인 것을 무료 제공하십니다. 모두가 생명을 구원받기 원하시는데 조건이 까다롭고 어려우면 어떻게 합니까? 구원은 영혼생존의 생필품입니다. 인간이 할 수 없는 영역이 자신을 영생하는 존재로 만들지 못한다는 점입니다.

"이르시되 때가 찼고 하나님의 나라가 가까이 왔으니 회개하고 복음을 믿으라 하시더라"(막 1:15)

대화 28. 이 세상을 누가 창조했다고 생각하세요?

공자님(b.c. 551~479)이 중국 노나라에 태어 나셨을 때 세상은 이미 존재했어요. 부처님(b.c. 6~4)이 인도 코살라왕국의 샤키아(석가) 공화국 카필라바스투에 태어나셨을 때도, 인더스 강 유역의 인도인들이 힌두(=큰강)교를 만들었을 때도, 예수님(a.d. 1~33)이 이스라엘 땅 베들레헴에 태어나셨을 때도 이미 세상은 존재했어요. 마호멧(a.d. 570~632)이 아라비아 반도 메카에 태어났을 때 이미 세상은 존재했어요. 그런데 기독교가 예수를 하나님이라고 하는 것은 모순이 아닙니까? 모든 성인들이 죽었으나 필사생(必死生)하신 유일한 분이 예수입니다. 우리말에 '죽기 살기'라는 말이 있는데 이 진리가 평범한가요? 이런 성경의 진술이 기발합니까? 이왕이면 기발한 종교의 창시자 예수를 믿는 것이 어떻습니까?

"나는 부활이요 생명이니 나를 믿는 자는 죽어도 살겠고" (요 11:25)

대화 29. 위대한 발견

환자들에게 고통 없이 수술을 받을 수 있도록 하는 마취제 클로로프롬을 발견하여 세계 의학계에 위대한 혁명을 일으킨 사람은 에딘버러 대학의 제임스 심프슨 교수입니다. 그는 성경의 창 2장을 읽고 '마취'의 힌트를 얻어서 마취 의학을 발명했다고 합니다. 어느 날 한 학생이 그에게 "선생님의 생애에서 가장 뜻 깊은 발견은 무엇입니까?"라는 질문을 했습니다. 사람들은 심프슨 교수가 당연히 그가 발명한 마취제의 발견을 들 것이라고 예상했습니다. 그런데 그는 이렇게 대답했습니다. "나의 생애에 있어서 가장 소중한 발견은 나는 죄인이며 예수님이 나의 구주이시라는 사실을 안 것입니다."라고.

여러분의 생애에서 가장 위대한 발견은 무엇입니까? '예수 그리스도'이기를 바라겠습니다.

"예수는 우리가 범죄한 것 때문에 내줌이 되고 또한 우리를 의롭다 하시기 위하여 살아나셨느니라"(롬 4:25)

대화 30. 믿어드립시다

사람이 산소마시면 살고 이산화탄소를 마시면 죽는다는 이런 법칙을 대체 누가 만들었을까요? 내 몸인데 내 맘대로 마시고 살면 안 됩니까? 누구 맘대로 천국과 지옥을 만들어 놓고 예수를 믿어야 영생한다는 법칙을 만들었을까요? 지금 우리가 이런 걸 따질 때가 아니라 당장 산소를 마셔야 하듯이 예수 믿어야 영생한다는 것이 불가항력 조건이라면 빨리 믿어 드립시다.

"내가 진실로 진실로 너희에게 이르노니 내 말을 듣고 또 나 보내신 이를 믿는 자는 영생을 얻었고 심판에 이르지 아니하나니 사망에서 생명으로 옮겼느니라"(요 5:24)

"주 예수를 믿으라 그리하면 너와 네 집이 구원을 받으리라 하고"(행 16:31)

대화 31. 한사람으로 말미암아

두 살 부터 수영을 배운 수영이는 세계 청소년 올림픽에서 최연소 1위를 했습니다. 수영이 덕분에 학교 이름이 유명해지고 수영이의 친구들은 어깨가 으쓱거린답니다. 수영이 한사람 때문에 학교의 명예가 올라갔듯이 예수님 한분 덕분에 인류는 엄청난 혜택을 받았습니다. 다음과 같은 엄청난 혜택을 거절할 이유가 없지 않습니까?

"사망이 한 사람으로 말미암았으니 죽은 자의 부활도 한 사람으로 말미암는도다 아담 안에서 모든 사람이 죽은 것 같이 그리스도 안에서 모든 사람이 삶을 얻으리라"(고전 15:21-22)

"너희는 그 은혜에 의하여 믿음으로 말미암아 구원을 받았으니 이것은 너희에게서 난 것이 아니요 하나님의 선물이라 행위에서 난 것이 아니니 이는 누구든지 자랑하지 못하게 함이라"(엡 2:8~9)

대화 32. 왜 교인들은 믿으라고 귀찮게 강요합니까?

봉이는 미세 먼지가 많아서 숨을 쉬지 않겠다더니 5분 만에 질식 했습니다. 다음 대화를 들어보세요.

하나님 : 어린애가 왜 벌써 왔는고?

천사 : 산소를 마시지 않고 버틴 사고사입니다.

사단 : 지옥에 보낼까요?

하나님 : 말리지 않은 친구들도 책임이 있다. 강제로라도 산소마스크를 씌워주어야지, 내가 개발 특허권을 준 산소마스크는 그런 때 필요한 게 아니더냐?

믿지 않고 죽어서 지옥가면 첫째는 믿지 않은 본인의 책임이고 둘째는 말리지 않은 친구들의 책임도 큽니다. 전도는 생명에 대한 관심입니다. 연대책임 의식을 가진 사람이 진정한 이웃이 아닐까요?

"너는 악인에게 경고하여 돌이켜 그의 길에서 떠나라고 하되 그가 돌이켜 그의 길에서 떠나지 아니하면 그는 자기 죄악으로 말미암아 죽으려니와 너는 네 생명을 보전하리라"(겔 33:9 요약)

여호와의 육아 정책

주께서 악인을 패배시키실 때 부모와 어린이로도 능히 이기게 하시는 것이 그분의 전술입니다(시 8:2, 마 21:15 참고) 영아부는 하나님 백성의 산성이요 요새입니다.

"주의 대적으로 말미암아 어린 아이들과 젖먹이들의 입으로 권능을 세우심이여 이는 원수들과 보복자들을 잠잠하게 하려 하심이니이다"(시 8:2)

"예수께서 이르시되 그렇다 어린 아기와 젖먹이들의 입에서 나오는 찬미를 온전하게 하셨나이다 함을 너희가 읽어 본 일이 없느냐 하시고"(마 21:15~16)

39. 내 집에 새끼 둘 보금자리를 만들라

"나의 왕, 나의 하나님, 만군의 여호와여 주의 제단에서 참새도 제 집을 얻고 제비도 새끼 둘 보금자리를 얻었나이다 주의 집에 사는 자들은 복이 있나니 그들이 항상 주를 찬송하리이다 (셀라) 주께 힘을 얻고 그 마음에 시온의 대로가 있는 자는 복이 있나이다"(시 84:3~5)

성막(tabernacles)에서 하나님을 예배하던 시대에 주의 제단에 참새가 집짓고 제비도 새끼 둘 보금자리를 얻었다는 은유적 표현에서 영아부의 희망을 봅니다. 그것은 4절이 보여주듯이 아이들과 갓난아기들이 마치 참새 떼처럼 하나님의 집에서 주님을 찬송한다는 표현을 한 것입니다. 주의 집에는 영아들이 항상 주님을 찬송하고 예배할 수 있도록 그들의 보금자리가 마련되어야 합니다. 영아부에서 그들은 주께 힘을 얻고 형통합니다.

제비는 사람들의 집에 둥지를 짓듯이 하나님의 자녀들은 하나님의 집에 마련된 둥지에서 자라야 합니다. 그런데 참새와 제비가 둥지를 지은 것이 아니라 "얻었다(has found a home)"

고 했습니다. "참새가 제 집을 얻고, 제비도 새끼 둘 보금자리를 얻었나이다."

교회 교육에서 영아교육을 소외시켜왔던 그동안의 실수는 이제 그쳐야 하겠습니다.

아이와 함께 하는 시간

'아기 발가락 꼼지락'

아기와 마주 앉으세요. 4/4리듬의 '영아부주제가' 운률에 맞춰 아기의 양 엄지발가락을 잡고 세웠다 눕혔다 하면서 앞뒤로 흔들어 주고, 열 개의 발가락을 구부렸다가 펴기를 2~3회씩 반복해 주세요. 그러면 발과 내장도 튼튼해집니다. 발의 건강이 위장, 허파, 심장을 튼튼하게 하고 발을 움직이면 머리도 움직입니다. 발목을 잡고 "하나 둘, 하나둘" "나의 두 발은 교회에 갑니다."라고 들려주십시오.

* 오늘은 영아부의 주보와 전도지를 챙겨 가셔서 이웃에게 영아부가 있음을 소개하십시오.

40. 안전한 성읍을 건축하라

"너희는 어린 아이들을 위하여 성읍을 건축하라"(민 32:24 요약)

애굽을 떠나온 이스라엘 백성들이 가나안을 목전에 두고서 모세에게 이러한 제안을 했습니다. "우리가 가축을 위한 우리를 짓고, 우리 어린 아이들을 위하여 성읍을 건축하고, 우리 어린 아이들을 성읍에 거주하게 한 후에 우리는 무장하고 앞장서겠습니다"(민 32:16절 요약). 그러자 모세는 그들에게 "너희는 어린 아이들을 위하여 성읍을 건축하고 양을 위하여 우리를 지으라."는 지시로 우선순위를 교정해 줍니다(민 32:24 참조 요약).

아이들을 위해 먼저 안전한 환경을 마련하라는 모세의 충고를 그들은 받아 들였습니다.

어린아이들을 돌보는 것은 건강한 공동체를 이루는 기초입니다. 모세가 우리에게 주는 교훈은 우선순위를 교정하라는 것입니다. 오늘날에도 많은 부모들이 자식위해 최선을 다하는 것 같지만 아이들이 바라는 것에 초점을 두고 최선을 다하지는 않는 것 같습니다. 민 32:16,24의 '어린아이들'은 히브리어로 '타프'로서 출 12:37에도 사용된 단어입니다. 타프는 보행을 할 수 없어서 짐승이나 마차를 타야 여행이 가능한 유아에게 사용된 단어입니다.

창 47:12은 '타프'를 '식구'로 번역했습니다. 제 발로 걷지 못하는 영아들도 교회 공동체의 식구입니다.

교회는 맨 먼저 영아부 라는 성읍을 지어야 합니다.

아이와 함께 하는 시간

1) 영아부실과 여러분의 가정은 여호와의 영이 머물고 계신 안전한 성읍인가요?

2) 자식을 낳는 일은 암탉도 할 수 있습니다. 자기 자식을 기르는 일은 동물도 할 수 있습니다. 하지만 하나님의 사람으로 기르는 일은 전혀 다른 문제입니다. "여호와의 이름은 / 견고한 망대라 / 의인은 / 그리로 달려가서 / 안전함을 얻느니라"(잠 18:10)
'의인'에는 아기이름을 넣어서 불러보세요.

41. 나의 사랑, 나의 어여쁜 아가야

"예수께서 한 어린 아이를 불러 그들 가운데 세우시고"
(마 18:1)

다섯 살 경석이가 환하게 웃으며 달려오더니 저를 붙들고 "전도사님! 성경에 '아가' 가 있어요!"라고 합니다. 성경의 아가(雅歌)서가 유아들에게 이런 기쁨을 주는 줄을 미처 몰랐습니다. 신약 성경을 읽다보면 경석이처럼 흥분했을 것 같은 한 아이를 만납니다.

제자들이 예수께 "천국에서는 누가 큽니까?"라고 물었을 때 예수께서 한 어린 아이를 불러 오셨습니다. 그 아이를 제자들 가운데 세우시고는 "누구든지 이 어린 아이와 같이 자기를 낮추는 사람이 천국에서 큰 자"라고 칭찬하셨습니다(마 18:1~4). 이 아이는 그날 어떤 기분이었을까요? 그의 흥분은 오래 남았을 것 같다는 상상을 해봅니다.

이 본문은 어린이도 부르심에 반응해야 한다는 것과 "어린 아이를 불러 가운데" 세우셨듯이 아이들은 교회의 가장자리가 아니라는 교훈인데 이 아이의 입장에서 본문을 생각해본 것입니다. 교회에 나온 영아들이야말로 하나님의 눈에는 "나의 사랑 나의 어여쁜 아가"들입니다. 그들은 교회의 중심입니다.

"무화과나무에는 푸른 열매가 익었고 포도나무는 꽃을 피워 향기를 토하는구나 나의 사랑, 나의 어여쁜 자야 일어나서 함께 가자"(아가 2:13)

아기와 함께 해보기

1) 손가락을 펴가며 손유희를 해 보세요. 한 마리 어린양 (손가락 하나)이 목장에 들어갔어요. '메에' 두 마리 어린양이 목장에 들어갔어요. '메에, 메에'. 모든 어린 양이 목장에 들어갔어요(열 손가락을 활짝 펴며). '아무개'가 교회에 들어갔어요. '예'라는 놀이도 재미 있습니다.

42. 아기의 첫 나들이

"할례 할 8일이 되매"(눅 2:21)
"아기를 데리고 예루살렘에 올라가니"(눅 2:22)
"마침 부모가 그 아기 예수를 데리고 오는지라"(눅 2:27)

성경시대의 아기들은 생후 8일되는 날 아침에는 할례예식을 통해서 거룩하게 되어야 합니다. 생후 8일은 건강검진의 날이기도 합니다. 하나님의 육아 정책 중에 생후 30일 되는 아기들이 공식적인 행사에 참석하는 특별한 날이 있습니다 (민 3:40).

유대인들은 이날 아기에게 속전예식(피디온하벤)을 해주기 위해서 회당에 데리고 옵니다. 아기 예수님은 생후 40일 되는 날 첫나들이로 성전에 나오셨습니다. 성경에 있는 아기들의 이 모든 기념식은 파티(party)가 아니라 격식을 차린 예배예식(ceremony)이라는 점입니다.

태어난 지 일 개월 되면 아기는 놀라울 정도로 배움을 습득합니다. 4주 동안 수많은 신경 조직이 새로 만들어지고 1개월이면 외부로부터의 저항력에 대처능력이 생기므로 바깥나들이가 아기에게 좋은 것도 생후 1개월부터입니다. 성경 말씀을 들려줄 때 반복해서 귀속 말로 들려주어 귀를 자극해 주면 뇌세포가 일깨워 집니다. 말씀은 생명이 있으므로 관절과 골수와 뼈를 윤택하게 합니다(잠 3:8 참고).

주일은 아기를 데리고 교회에 오는 특별한 날로 만드세요. 달력에 빨강 펜으로 크게 표시를 해두십시오. 태어나서 맞는 첫 번째 주일, 새해의 첫 날, 새달, 첫돌, 생일을 맞으면 하나님께 특별한 감사를 드리세요.

아이와 함께 하는 시간

1) "아기(이름)를 데리고 ○○교회에 가니"(눅 2:22 참고)
   이 말씀에 아기와 교회이름을 넣어서 4번 반복합니다.
2) 손유희로 해 보세요.

   우리 가족 (열손가락을 쫙 폈다가 접기)
   아빠와 엄마! (양손 검지 손가락을 들어올리고)
   아기 (양손 약지 손가락을 들어 올리고)
   또? 하나님! (엄지손가락을 들어올리세요)

43. 세상이라는 성읍에 들어가기 전에

"너희에게 가축이 많은 줄 내가 아노니 너희의 처자와 가축
은 내가 너희에게 준 성읍에 머무르게 하라"(신 3:19)

지난 2010년에 대법원은 종교 자유정책에 따라 미션 스쿨
에서도 강제적 종교교육을 하면 위법이라는 판결을 내렸습니
다. 사립학교도 국가 지원을 받는 공교육 시스템인 만큼 특정
종교의식을 강요하는 것은 종교와 양심의 자유를 침해하는
행위라는 주장이 수용된 것입니다. 주님의 아이들이 태어나
서부터 이러한 공교육 시스템 속에서 주당 40시간 이상을 보
내야 하는 것이 현실입니다.

저출산, 탁아, 위탁 교육은 부모 부재와 가정마저 힘을 잃
고 있습니다. 12개월도 되지 않은 영아들이 벌써 세상이라는
성읍에 들어가는 이 현실에서 성경을 가르쳐서 영적으로 양
육할 수 있는 곳은 이제 교회와 가정 말고는 아무데도 없습
니다.

세상이라는 성읍에 들어가기 전에 여호와 하나님을 경외함
을 가르치는 견고한 성읍을 지으라는 것이 여호와의 육아정
책입니다(신 6:4~14, 민 32:17 참고)

이것은 축복을 누릴 줄 아는 사람으로 자라도록 환경을 만들라는 뜻입니다. 우리가 기억해야 할 것은 부모를 먼저 무장시켰다는 것과(민 32:17) 그런 부모에게 복을 주시는 순서는 재물보다 항상 자녀가 앞에 놓여있다는 사실입니다.

　"네 몸의 자녀와 네 토지의 소산과 네 짐승의 새끼와 소와 양의 새끼가 복을 받을 것이며 네 광주리와 떡 반죽 그릇이 복을 받을 것이며"(신 28:4~5)

아이와 함께 하는 시간

　1) 반짝반짝 다섯 손가락을 각기 따로 움직이나요? 열 손가락을 따로 움직이게 되면 말을 할 줄 압니다.

　2) 신명기 28:4절과 5절 말씀의 성경장절을 천천히 손가락으로 꼽아보세요.

44. 아기들을 모으라

"곧 백성의 남녀와 어린이와 네 성읍 안에 거류하는 타국인을 모으고 그들에게 듣고 배우고 네 하나님 여호와를 경외하며 이 율법의 모든 말씀을 지켜 행하게 하고"(신 31:12)

이 본문이 언급한 '어린이'란 단어를 히브리어에서는 '타프'라고 하였는데 타프는 어린아기(small baby)를 뜻합니다. 하나님은 이스라엘의 회중 공동체와 종교 행사에 아기들이 적극적으로 참여할 것을 명령하셨습니다(예레미야 31:8 요약).

요엘이 "어린이들과 젖먹이들을 모으라"고 외쳤고(요엘 1:1, 2:16) 에스라도 귀환하자마자 아이들을 모았습니다. "이스라엘 중에서 백성의 남녀와 어린 아이의 큰 무리가 그 앞에 모인지라"(에스라 10:1 요약)

왜 기독교 공동체에 아기들이 들어와야 할까요? 직관적 투사기에 있는 영아는 철저히 타인을 모방하는 '흉내 내기' 단계에 있습니다. 가장 깊은 신뢰의 관계를 맺고 있는 어른에게서 가장 많은 것을 배우고 흉내 냅니다. 하나님을 경외하는 어른들을 자주 만나게 해야 합니다.

영유아들은 갔던 장소를 다시 가기를 좋아하고 심지어 잔소리까지 좋아합니다. 이것저것 많은 것을 조금씩 경험하는 것보다 한 가지 원리를 확실하게 터득하면 이해력이 발달하여 새로운 것을 잘 습득하게 됩니다. 귀로 자꾸 들은 것은 심상(心象)에 남습니다. 교회에 나와서 누워 있는 것만도 교육입니다. 밥을 돌아다니지 않고 앉아서 먹는 훈련을 하듯이 2~3세부터는 앉아서 듣는 훈련을 하십시오.

아이와 함께 하는 시간

1) 서랍장의 옷 꺼내기, 개키기, 입지 않는 옷을 통에 담기놀이를 해보세요.
2) 엄마처럼 해봐요 '손끝으로 식탁 두드리기' 톡톡톡
3) 입지 않는 옷을 영아부에 갖고 와서 통에 넣어 주십시오.
4) 아이와 밥상머리 규칙을 정해 보셨나요? 규칙을 어겼을 때 절대 타협하지 마십시오.

45. '젖 나는 암소 두 마리' 이야기

블레셋 사람들이 이스라엘에서 빼앗아온 법궤를 돌려줄 때 새끼에게 젖을 먹이고 있는 두 마리 암소에게 법궤를 끌고 가게 했습니다.

"젖 나는 소 둘을 끌어다가 수레를 메우고 그 송아지들은 떼어 집으로 돌려보내고"(삼상 6:7절 요약)

그들은 왜 하필 젖먹이는 어미 소를 선택했을까요? 어미 소들은 당연히 송아지에게로 돌아갈 거라고 생각한 것입니다 (9 절). 그런데 암소들은 울면서 이스라엘 땅 벧세메스로 질주했습니다. "암소가 벧세메스 길로 바로 행하여 대로로 가며 갈 때에 울고 좌우로 치우치지 아니하였고"

벧세메스 주민들은 그날, 성스런 임무를 마친 어미 소 둘을 새끼에게로 돌려보내지 않았습니다. 우는 암소를 도살해서 제물로 바쳤습니다. 하나님은 그날 여호와의 궤를 들여 다 본 벧세메스 사람들에게 화를 내리셨습니다(19절). 이 사건은 "궤를 들여다 본 그만한 일로 하나님은 화를 내리셨을까?"라는 의구심을 줍니다. 젖 먹이는 암소를 제물로 바치라는 잔인한 규정은 제사법에 없는 일입니다. 하나님은 "어미는 반드시 놓아 줄 것이요"라고 하신 만큼 미물에게도 자애로우십니다 (신 22:7 참고).

암소 가족을 실험용 도구로 삼은 블레셋도 잔인하지만 벧세메스 성도들은 블레셋도 하지 않는 무자비한 일을 예배라는 명목으로 했습니다. 예배를 위해 모성을 저버리는 행동을 하지 말아야 하겠습니다.

"나는 자비를 원하고 제사를 원하지 아니하노라"(마 12:7 요약)

아이와 함께 하는 시간

1) 엄마가 잠시 자리를 떠날 때는 아기에게 손수건이나 소지품을 아기 손에 쥐어 주십니까?(1~3세). 아기와 함께 예배를 드리십니까?

2) 부모가 흔들리면 아이들도 흔들립니다. 불안, 우울, 좌절들은 쉽게 전염됩니다. 매사에 긍정적인 표정과 태도를 보이십니까?

46. 예수님의 양육이론 ; 나귀와 나귀새끼를 함께

"나귀와 나귀새끼를 내게로 끌고 오라"는 마태복음 21:2 말
씀은 벧세메스의 두 암소와 대조적인 장면입니다. 예수님은 나
귀 새끼와 그 어미를 함께 부르셨습니다. 미물에게도 정서를
존중하신 것입니다. 이 본문이 예수님의 마지막 여행길이라는
것을 아는 우리들은 예고된 슬픔에 마음이 무거워지지만 어미
나귀의 응원을 받으며 예수님을 예루살렘까지 모시고 가는 어
린 나귀새끼의 목가적인 모습은 아름다운 장면입니다. 그런데
놀라운 것은 나귀새끼는 오래전부터 예언되어온 메시야의 예
언을 이루어 드리기 위해서 준비되었다는 사실입니다.

"이는 선지자를 통하여 하신 말씀을 이루려 하심이라 일렀
으되 시온 딸에게 이르기를 네 왕이 네게 임하나니 그는 겸손
하여 나귀, 곧 멍에 메는 짐승의 새끼를 탔도다 하라 하였느니
라"(마 21:4~6)
"시온의 딸아 크게 기뻐할지어다 예루살렘의 딸아 즐거이
부를지어다 보라 네 왕이 네게 임하시나니 그는 공의로우시
며 구원을 베푸시며 겸손하여서 나귀를 타시나니 나귀의 작
은 것 곧 나귀 새끼(망아지)니라"(슥 9:9)

어린 망아지가 예언을 성취시켜드리다니요. 그를 위해서 어미 나귀가 따라나서야 했습니다. 부모가 아기와 함께하면 아기는 하나님의 뜻이 땅에서도 이루어지게 할 수 있습니다. 영국의 아동정신분석학자 볼비(J.M.Bowlby)는 아이가 어머니와 서로 사랑의 관계를 집요하게 유지하려고 애쓰는 것을 가리켜 애착(attachment)이라고 불렀습니다. 분명한 사실은 아기에게서 부모를 분리시키는 교육은 별 의미가 없다는 것입니다.

아이와 함께 하는 시간

우유를 먹일 때도 모유 먹이는 자세로 안고 등을 쓸어주고 만져주며 민 6:24~26 말씀으로 축복해 주세요.

아기 방은 햇빛, 공기, 바람이 순환되는 따뜻한 환경을 만들어 주십시오.

47. 미래의 빛

우리 아이들이 살아갈 미래는 어떤 세상일까요? 빛의 속도로 변화하는 미래 세상은 똑똑한 개인이 권력을 잡는 즉, 정부의 힘은 약해지고 똑똑한 개인이 사회를 바꾸는 세상이 될 것이라고 미래학자들은 말합니다. 다음은 미래 사회를 상징하는 키워드 들입니다. 이 중에 어떤 단어를 알고 계십니까?

글로벌 마케팅, 뇌파, 원거리 화상진료, 우주 개척, 온라인 공개강의, 나노(nano), 제4차 산업혁명, 모바일 커미스, 소셜 미디어, 기후변화, 로봇, 재능전쟁, 빅데이터, 3D프린터, 양자 컴퓨터, 나노 바이오 모바일, 전자지갑, 인스타 그램, 소셜미디어, 교육 파괴, 인공지능, 자기부상열차, 진공열차, 고령화, 바이오혁명, 터미네이터, 세계통합, NGO(Non-governmental organization), 일자리 소멸, 프리렌서, 계약제, 맞춤형 교육, 독립적인 학습평가 시스템, 개인화(Individualization).

아이의 미래를 준비해 주는 기독교 부모의 역할은 무엇일까요? '나에 대한 계획' 은 이미 창세 전부터 였다는 사실입니다(엡 1:4. 렘 1:5 참고). 하나님은 자신의 지식과 지혜를 세상에 전파하시려고 할 때 거룩한 사람에게 의지하십니다. 모든 인류가 섬겨야 하는 신은 오직 하나님 한 분 뿐일진대 세상에는 단 하나의 도덕적 기준만이 존재합니다. 우리는 세상의 어떤 빛보다도 분명한 여호와의 빛에 편승하여 살아야 합니다.

"오라 우리가 여호와의 빛에 행하자"(사 2:5 일부분 말씀)

아이와 함께 하는 시간

1) 아이의 행동교정이 필요할 때 '그것은 하나님이 허락하신 것이 아니다' 라고 단호히 들려주십시오.
2) 기본을 생략하는 것은 사람으로서의 기초를 붕괴시키는 것입니다. 십계명을 가르치십니까?
3) 아이들은 종일 방을 더럽힙니다. 더럽히면 어떤 일들을 해야 다시 깨끗해지는지를 직접 체험시켜 주십시오.

총정리 퀴즈

"아이가 몇 살이 되면 어른과 의사소통이 가능할까? 글공부를 할 수 있는 나이는? 몇 살이면 또래와 좋은 관계를 가질 수 있을까? 옳고 그름의 판단력을 가르쳐 주어야하는 시기는 언제부터일까? 아기가 하나님을 인식할 수 있을까?"

총정리 퀴즈는 이러한 질문들에 답을 찾아줍니다. 주님의 아기들이 건강하고 지혜롭고 하나님의 은총 안에서 자라도록 돕는 것이 이 퀴즈의 목적입니다.

준비와 진행방법

1. 1, 2, 3등 하시는 부모님께 드릴 상품을 준비하십시오.
2. 점수표 기록에 붙일 스티커가 필요합니다.
3. 답을 아시는 분은 손을 들어서 대답하십시오. 맞으면 "아무개의 엄마(아빠) ○○○입니다"라고 하십시오.
4. 아기가 스티커를 받아서 점수기록표에 붙입니다.
5. 7문항의 연습문제가 나갑니다. 점수는 없습니다.
6. 본선 문항은 태아, 신생아, 영유아단계로 진행합니다.
7. 개인의 발달 차를 고려해서 답지의 답과 ±오차는 맞는 것으로 해 주십시오.

1	11	21
2	12	22
3	13	23
4	14	24
5	15	25
6	16	26
7	17	27
8	18	28
9	19	29
10	20	30

1부 연습문제

1. 2018년 2월 5일에 태어난 아기의 첫돌은 언제일까요?
2. 이유식의 적당한 시기는 언제일까요?
3. 아기가 몇 개월 되면 보행기가 필요할까요?
4. 몇 개월이면 신체가 통합되어 자기 몸을 통제할까요?
5. 몇 개월 되면 걸을 수 있을까요?
6. "아기 기저귀 떼기"에 관한 문제입니다. 아기의 배변훈련은 언제쯤(몇 살)부터 하는 것이 적당할까요?
7. 아기가 몇 살이 되면 어른들과 한 밥상에서 같이 먹게 할까요?

답
1. 2019년 2월 5일.
2. 6개월. 대부분 6개월부터 이가 나오기 시작해서 만3년 되면 유치 20개가 모두 나옵니다.
3. 7개월. 7개월이면 아기가 발굼치와 배로 몸을 밀며 기어 다닙니다.
4. 15개월.
5. 12~15개월. 스스로 두발로 걸으며 뛰기도 합니다. 신체가 통합되었다는 신호입니다.
6. 24~36개월.
7. 8~10개월이면 척추가 균형이 잡히고 엉덩이를 쳐들거나 혼자 앉을 수 있습니다.

2부 본선문제

답을 맞추면 점수표에 스티커로 체크하십시오.(한 문항당 5점)

1단계 – 태아 (5문항)

1. 임신 며칠이면 태반, 탯줄이 생기고 아기집이 달걀 크기만 하게 됩니까? ① 수정 2주 ② 1개월

2. 심장이 뛰는 박동 소리를 들을 수 있는 내 나이는?
   ① 1개월 ② 3개월

3. 엄마, 내 손, 손바닥, 손가락, 엄지손가락, 무릎, 발목, 발바닥, 발가락이 생겼어요. 살갗에는 피부가 얇게 입혀졌어요. 내가 몇 개월인지 아세요? (힌트; 2+1은?)

4. 내가 남아인지 여아인지 알 수 있는 나이를 아세요?
   ① 3개월 ② 출생 후

5. 몇 개월이 되면 모든 조직과 기관이 완성되고 뇌세포가 발달해서 조산해도 완벽한 인간으로 생존이 가능할까요?
   ① 6개월 ② 3개월

답

1. ① 수정 2주. 아기의 최초의 신경세포는 남성의 정자와 여성의 난자가 만난 후 약 30시간부터 분할을 시작해서 270-280일이 되면 약 50조(兆)의 세포가 만들어집니다.

2. ① 1개월. 심장박동소리를 들을 수 있다는 것은 조직이 완성되었다는 뜻입니다. 태아의 신경계 구조는 임신 보름 만에 시작해서 5주가 될 때 대뇌, 간뇌, 중뇌, 연수, 소뇌 부분으로 분할됩니다.
3. 2~3개월. 신경 세포의 대부분은 10주 (2개월 반)만에 만들어집니다.
4. ① 3개월. "어미의 태로 부터 된 고자도 있다"는 말씀처럼(마 19:12) 어미의 태내에서 결정됩니다. 그러니, 하나님의 자녀도 어미의 태에서 시작해야 합니다. 임신 3개월이면 남아의 경우 고환이 만들어지고 여아는 난자가 만들어집니다.
5. ① 6개월.

2단계 – 아기건강 검진에 대한 문제 "내 나이를 맞춰보세요."
     (6문항)

6. 기본접종, BCG는 내가 출생 후 몇 주 되면 맞아야 하는지 아세요?
7. 소아마비 DPT 첫 번 예방 주사 맞으러 갔어요.
8. 내 얼굴에 호수가 생기기 않도록 수두 예방 주사를 맞춰 주셔요.
9. 홍역이나 파상풍에 면역주사를 맞춰주세요
10. 디프테리아, 백일해에 걸리지 않도록 예방주사를 맞춰 주세요
11 장티푸스 예방 주사 맞으러 언제 갈 거예요?

답

6. 4주 이내.

7. 2개월 이내. 추가접종은 4~6세.

8. 12~15개월.

9. 12개월 ~만6세.

10. 2개월~만2세.

11. 24개월~만12세.

중간점수 발표하기

점수 계산하기

맞춘 갯수 _____ x 5점 =

3단계 − 신생아~4세 "내 나이를 맞춰보세요" (19문항)

12. 나는 자꾸 머리를 들어 올리고 싶어요. 아빠 엄마의 어깨에 내 머리 좀 올려주세요. 내가 몇 개월 되면 머리를 들어 올리려고 하는지 아세요?

13. 나는 두 손, 두발을 따로 움직이고 소리를 듣는데 충분한 청력을 갖추기 시작합니다. 물건을 손으로 잡을 수 있어요. 딸랑이, 소리 나는 장난감을 손에 쥐어 주세요. 나는 몇 개월일까요? (힌트; 백일 전후)

14. 기대어 앉을 수 있어요. (힌트; 3+1=?)

15. 나는 안아 달라고 팔을 올리며 붙잡고 세워주면 깡충깡충 뛰기를 잘해요. 보행기를 좋아해요. 단조롭지만 두 음절 소리를 낼 수 있습니다. 화가 나면 소리를 지를 줄 알고 엄마의 감정적 소리에 따라 반응을 나타냅니다. 나는 몇 개월일까요? ① 5~6개월 ② 1세

16. 일기변동, 환경, 위생에 잘 적응 못하니까 마트쇼핑은 자제해 주세요. 면역이 없어지는 이 시기의 내가 몇 개월인지 아세요? ① 6개월 ② 백일

17. 잡아주면 일어설 수 있어요. ① 백일 ② 7~8개월

18. 피아제라는 선생님은 나를 도약의 시기라고해서 "발달의 전환기"라고 했어요. 발달 차는 내 나이부터 드러나기 시작한대요. (힌트; 돌잔치가 넉달 남았답니다.)

19. 거울? 그거 참 신기해요. 거울을 주세요. 난, 거울을 아주 좋아합니다. 내가 몇 개월인지 아세요?
    ① 7~9개월 ② 1개월

20. 찌그러지거나 늘어나는 등 모양이 변형되는 놀잇감이 정말 재있어요. 엄마가 머리를 좌우로 흔들며 얼러 주면 좋아하는 내가 몇 살인지 아세요?
    ① 2세 ② 6~8개월

21. 스스로 물건을 잡고 일어서요. 내가 몇 개월일까요?
    (힌트; 돌잔치 날이 얼마 남지 않았습니다)

22. 손을 잡아주면 걸어요. 내가 몇 개월인지 아세요?

　① 5개월　② 10~12개월

23. 두들기며, 멀리 내 던지고 찢고 젓가락을 전기코드에 쑤셔 넣다가 꾸지람을 들었어요. 나는 나를 돌봐주는 분의 행동을 관찰하고 있습니다. 나의 운동은 어머니의 바지나 치마를 붙잡고 일어서는 연습입니다. 내 나이가 몇 개월인지 아세요? (힌트; 11+1=?)

24. 계단을 기어서 오르내리고 혼자 일어서요. "던져! 물건 던지는 것이 아유, 참 재밌어" "팔을 내밀어 두 손으로 받아야지" ① 13~14개월　② 8~9개월

25. 이 세상에 우리들처럼 끈질기게 노력하는 인간은 없습니다. 기어오르다가 떨어지고 엉덩방아, 코방아, 불에 데고, 성한 데가 없습니다. 이런 내가 몇 개월인지 아세요?

　① 6개월　② 13~17개월 (힌트; 쿨만 비네(kulhmann Binet)라는 사람이 우리들의 지능을 검사했는데 13개월의 친구들이 IQ 46을 획득했답니다.)

26. 10-20 종류의 말을 할 수 있어요. 친척이나 친구와 헤어지면 섭섭해서 가지 말라고 웁니다. 될 수 있는 대로 다른 아기와 같이 노는 기회 좀 만들어 주세요.

　① 17~18개월　② 10개월 (힌트; 15개월 부터 20개월 사이에 있습니다)

27. 일어서서 짝짜꿍 하며, "나는 노래 소리만 나오면 내 몸은 쓰러지지 않고 주체할 수 없이 흔들려~" 간단한 심부름을 시켜 보세요. 잘 합니다. 인사를 잘 합니다. 사회성이 제법이죠. 내가 몇 살인지 아세요? ① 18~24개월 ② 14~15개월

28. 기저귀가 귀찮아졌어! 대 소변도 가립니다. 친척들 앞에서 나를 꾸짖다니! 기분 나빠! 나도 챙피 한 줄 안다구요. 분하고 자존심이 상해서 정말 못 참겠어! 엄마 하고 안 놀거야 질투, 짜증이 납니다. 내가 몇 살인지 아세요? (힌트; 6-3=?)

29. 손을 써서 하는 놀이가 재밋어! 연필, 색연필, 가위, 풀을 주세요. 나는 색깔 이름을 기억하고 재미있는 이야기 듣기를 좋아 합니다. 누가, 무엇을, 언제, 왜? 질문이 많죠. 나는 흉내내기 선수! 내가 몇 살인지 아세요? ① 2세 ② 3~4세

30. 나는 내 것과 남의 것을 구분할 줄 알아서 내 것을 다른 사람이 가지고 놀 때는 막무가내로 내놓으라고 해서 자주 분란을 일으키기도 합니다만 남에게 '빌려준다' 는 개념을 배울 시기입니다. 내가 몇 살인지 아세요? ① 3~4세 ② 6세

답

12. 1개월. 머리를 들어 올리려는 운동은 척추를 튼튼하게 하고 목근육과 중력에 대해 반응하는 단계이기 때문입니다. 신체는 4 주간동안 수많은 신경 조직이 만들어 졌습니다. 목 근육이 두뇌에게 근육과 관절

감각을 알려주는 중요한 과정에 있습니다. 안거나 업고 흔들어 주는 부드러운 신체의 움직임에 대한 감각이 두뇌를 조직화 시킵니다.

13. 3~4개월 정도. 14주 무렵이면 아기의 청력은 성인과 비슷한 수준까지 향상됩니다. 14주가 되면 두 손 두 발을 어느 정도 따로 따로 움직이게 됩니다. 여러 가지를 손에 쥐어 주어 다른 감촉을 느낄 수 있게 하세요. 소리가 나는 쪽으로 눈을 돌리는지(청각발달), 선생님의 목소리를 알아듣는지 관찰하세요(인지발달)

14. 4~5개월.

15. 5~6개월. 소파나 등을 기댈만한 곳에서 앉기 연습을 시켜 주세요. 4~7개월 무렵은 보행기가 필요한 시기입니다.

16. 6개월. 찬송이 나오면 엉덩이를 들썩이며 손뼉 치는 반응을 보이는지 관찰하세요. 뒹굴며 굴러다니도록 카페트나 담요 위에서 놀 수 있게 해 주세요.

17. ② 7~8개월.

18. 8~9개월.

19. ① 7~9개월.

20. ② 6~8개월.

21. 8~9개월.

22. ② 10~12개월.

23. 10~12개월.

24. ① 13~14개월.

25. ② 13~17개월.

26. ① 17~18개월.

27. ① 18~24개월.

28. 세 살.

29. ② 3~4살.

30. ① 3~4살.

마쳤습니다.

총점수 계산하기
맞춘 갯수 _____ x 5점 =
누가 챔피온이 되셨습니까?

말씀을 읽고 마칩니다.

   "나는 심었고 아볼로는 물을 주었으되 오직 하나님께서 자
라나게 하셨나니 그런즉 심는 이나 물 주는 이는 아무 것도 아
니로되 오직 자라게 하시는 이는 하나님뿐이니라 심는 이와
물 주는 이는 한가지이나 각각 자기가 일(수고)한 대로 자기의
상을 받으리라"(고전 3:6~8)

시상식

에필로그

하나님은 하늘의 보석처럼 빛나는 아기 영혼을 영아부에 맡기셨습니다. 여러분의 자녀들은 세상에 하나 밖에 없는 순결하고 영롱한 보석 같은 존재입니다.

그렇다면 영아부는 하나님의 집을 장식하려고 모아놓은 보석의 진열장입니다. 진귀하고 영롱한 빛을 오래 간직하고 발산하도록 그들은 연마될 것입니다. 세상의 기초를 반듯하게 세우는 "아름답게 잘 다듬은 모퉁잇돌"이 될 것입니다. 이 책은 사랑스런 우리 아이의 몸과 마음을 한 뼘 더 자라게 합니다.

이 책에서 인상에 남는 글이 있으면 여기에 적어 보십시오.

여러분은 영아부를 어떻게 정의하고 싶습니까? 여기에 적어보십시오.

영아부란?

_____

_____

부모란?

_____

_____

이 책이 목회자, 교사, 부모, 아기가 한 팀이 되어 생명을 살리고 갈증을 식히는 시원한 생수가 되기 바라며 세 번째 책인 3권에서 다시 뵙겠습니다.

저자 **이영희** 드림